大展好書　好書大展
品嘗好書　冠群可期

大展好書　好書大展
品嘗好書・冠群可期

實用武術技擊 ⑰

鷹爪門擒拿術

張星一 著

大展出版社有限公司

賀鷹爪門擒拿術一書出版

中華武術
繽紛世界

張山　二〇〇三年八月

賀鷹爪門擒拿術出版

國術擒拿
武林苗範

楊振鐸

賀鷹爪門擒拿術出版

鷹爪擒
拿國之瑰寶

方義民　〇五‧九‧十五

鷹爪翻子拳第二代傳人劉成有

鷹爪王陳子正（前排中）

鷹爪翻子拳第三代傳人劉啟文

作者的師父姚健華

作者的師父國硯田

武術大師劉法孟

與武術大師李天驥合影

與原國際武聯主席、國家體委
副主任徐才先生合影

與韓國大學武術聯盟會長
許一雄博士合影

與太極拳名家、中國人民大學教授
李德印先生合影

與原二十九軍大刀隊
武術考官姚健華學習
鷹爪翻子拳挾打

作者全家與美國國際鷹爪總會主席劉莉莉的合影

和希臘學生的合影

基本功照

參加比賽所獲獎牌

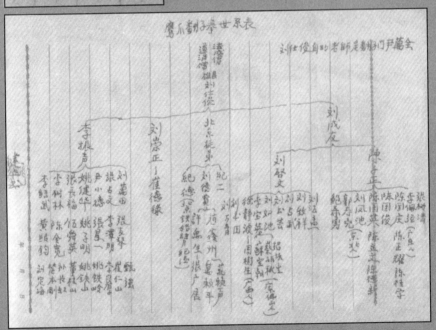

宏揚鷹爪技法促

進社會文明

歲在丙戌筆夏月張星一書

作者簡介

　　張星一　男，曾用名張俊斌。生於 1953 年。武術六段，大專文化。中國河北省雄縣人。

　　現任美國全國傳統武術協會海外名譽顧問、國際鷹爪總會中華同鄉會會長、中國武協會員、保定市武術協會副主席第四屆委員會教練委員會副主任、雄縣文體局副局長、雄縣武術協會主席。

　　他自幼酷愛武術、音樂、書法。從師於當地名師國硯田學少林拳，後從師原二十九軍大刀隊武術教官姚健華練「鷹爪翻子拳」，尤其對擒拿、卸骨、點穴有心得，並親受原國家體委武術處處長、武術大師李天驥老師的指點。

　　從 1978 年任武術教練以來，培養出了 160 名專業體育人員，其中 3 人在世界武術比賽中獲金牌，他本人也在國際武術比賽中獲金牌 4 枚。1996 年他整理出版了 20 萬字、千餘幅圖示的《鷹爪翻子拳》一書，學術論文《論鷹爪翻子拳》和《以鷹爪翻子拳爲例，對傳統武術的整理、繼承和推廣的研究》獲國際優秀論文獎，並先後在《武術健身》《武術魂》和《中華教育雜誌》中發表專業文章數篇。他的事跡先後被編入《中國政協風采》《世界人物辭典》《中華英才大典》《中國創業英才》《中國專家大辭典》《世界優秀專家人才大典》中。

序

　　欣聞弟子張星一編著的《鷹爪門擒拿術》即將出版，心裡十分高興，實乃本門中之幸事，可喜可賀。他又熱情誠懇地邀我爲此書作序，高興之餘，欣然命筆，以滿足他的心願。

　　擒拿術是我國古代勞動人民在生產鬥爭實踐中創造出的傳統武術技法，歷史悠久，内容充實，用法獨特，門派不一，自成系統。而張星一編著的「鷹爪門擒拿術」，相傳源於宋朝名將岳飛的「岳氏散手」，又融入了少林拳、鷹爪翻子拳的精華，内容獨特，技擊性強，適用於公安幹警和特種部隊來擒捉歹徒。

　　擒拿術的特點，就是針對人體的關節、穴位活動中局限性的弱點，並依據逆反關節的施制原理，使用相關的手法，進行擒伏與解脫、控制與反控制的貼身搏鬥方法。

　　張星一自幼習武，起初跟當地名師國硯田習少林拳法，二十許，投師原二十九軍大刀隊的武術教官姚建華，學習鷹爪翻子拳，遂得少林拳、鷹爪翻子拳之精髓，尤其對擒拿、卸骨、點穴有所探討。他寫的學術論文《以鷹爪翻子拳爲例，對傳統武術的整理、繼承與推廣的研究》，在2004年首届世界傳統武術節論文報告會

上獲獎。他的太極器械，在第三屆香港國際武術節的比賽中獲男子組第二名；並獲通臂、劈掛、翻子拳組的第三名；還參加了世界名人名家的表演，受到國際專家們的好評。

在燕趙國際武術散打中歐對抗賽中，獨獲兩枚金牌。他整理的千餘幅圖示、20萬字的《鷹爪翻子拳》一書，於1986年就在全國出版發行了。難怪姚建華先生說：「張星一真是德藝兼修、文武齊備的人才。」根據他本人的申請，現在我也收他為徒。

近年來，張星一對武術的知識，還是孜孜以求之，對鷹爪門擒拿術的每一個式法、用法、擒拿法、要點說明都進行認真細緻的研究、探討、整理、實踐，再探討、再整理、再實踐，深得裨益，真是用心良苦。功夫不負有心人，他付出的辛勞與汗水終於得到了社會的認可，由人民體育出版社出版其多年勤勞的成果——《鷹爪門擒拿術》一書。

這是對國內外武術界的一份貢獻，對廣大武術愛好者的一份貢獻，對保安和公安幹警的一份貢獻。透過學習此書，而達到健體防身的作用，相信大家會喜歡的。

國際武術聯合會第一屆技委會主任
原中國武術協會副主席　張山
於北京

前　言

　　鷹爪翻子拳是少林拳、翻子拳、岳氏連拳、鷹爪拳的綜合產物，所以，它有少林拳的「快速剛健」、翻子拳的「閃翻」和鷹爪拳的「抓打、擒拿」的綜合特點。

　　鷹爪門擒拿術則是鷹爪翻子拳的組成部分，是專門抓穴、擒拿的近身用法技術。它以七十二把拿腕手法，再加上印點人體的三十要穴之擒法，即成為一百零八擒拿術（實為鷹爪連拳之散手）。

　　鷹爪門擒拿術，用時專擒人穴脈，使其疼痛，拿其關節，令其麻痺。順其自然，以靜制動，剛柔相濟，以柔克剛。巧破千斤，盡分筋、錯骨、點穴、閉氣之能事，以應敵制勝，巧妙無比。

　　該術長在近身制勝，也就是「敵愈近就愈易制勝」。運用時，尚用巧勁，宜迅速快捷，粘手進手，要明敵意，知進退，忌笨力，應活變。巧妙者，除運用自己原有實力外，更借敵方擊來之力為己用，而反制敵方。

　　本書對人體的麻筋、關節及要穴的位置和拿制方法，都作了詳細的說明。麻筋，通神經，拿之可使全身或局部麻痺而受制；關節，司機體之活動，被拿制可使

肢體失靈；要穴及人體之要害部位，被拿後非痛則痹。所以，練就此術，如遇敵時，即可巧快機警，舉手投足之間，隨意即可令人疼痛而致殘。這也是此術秘不傳外人的關鍵之所在。在此也誠勸練習此術者，要信守武德，慎之用之，不到萬不得已，不能運用此術傷人損德。

本書由張星一編著，由張山老師作序，書中示範動作由張星一和長子張潤偉演練，由劉大秀、張坤偉先後攝像，李金輝也為出版此書奔走忙碌，劉法孟大師的長子劉志敏老師獻出部分資料，並得到了中國武術協會副主席李愛民、保定武術協會主席包玉川等的幫助。在此，特對為此書出版做出貢獻的同志致以誠懇的謝意。

本書實用於武裝警察和廣大武術愛好者，由於本人水平所限，定有很多不妥之處，誠懇希望各位名人志士、大雅同道給予批評指正。

張星一

目　錄

概 論

第一節　鷹爪門擒拿術的來源

　　鷹爪門擒拿術來源於鷹爪翻子拳，是該拳種的重要組成部分，也是體現鷹爪翻子拳主要特點之所在。

　　鷹爪翻子拳是著名武術大師劉仕俊的傳人劉成有及其弟子們，於上世紀 20 年代在上海精武會，江南、香港及海外各精武分會開始傳授的一個拳種，它主要包括鷹爪行拳十路、鷹爪連拳五十路，相繼在北京和劉氏家鄉等地廣為流傳，被習練者公認為是一優秀拳種。

一、鷹爪翻子拳的歷史源流

　　1930 年徐哲東先生著《國技論略》和 1936 年出版的《國術源流考》均認為鷹爪翻子拳是由明代「八閃翻」演變而來的，也有書說，此拳發源於劉仕俊。

　　劉仕俊，河北省雄縣人，少習拳勇，紮根少林門和翻子門。根據《鷹爪翻子摘要・劉仕俊傳》記載：「並二十許，已頗有心得。販煙於村某寺，時練手力，適為寺僧道濟瞥見，與僧論間互為不服，與僧較皆三戰三敗，即請為弟子。僧曰：『孺子可教也。』乃授以『岳氏散手』。惟僧僅授九

路辭去。」幾年後，劉又在新城縣郎窩大廟從師於道濟師兄法成僧，法成再授予「岳氏散手」「鷹爪手法」「少林拳」「連拳」「楊氏八母梨花槍」等。

數年後，劉返鄉里，為官府擒拿大盜白回回立功。不久，據《雄縣縣志》記載：「以技遊京師，煙威廣公詔所識拔，命於正白旗演廳教練禁旅。」當時以技冠京津，與董海川及楊露禪齊名，其弟子數百，多有成材，以徐六、劉德寬最為著名。

劉成有（約 1847～1931），劉仕俊的宗孫，自幼跟開口村「飛腿」楊景山習翻子拳。成年，又從師劉德全、董憲周和劉仕俊。劉成有藝成授藝期間，吸收翻子門「夜叉巡海拳」的精華並對岳氏散手進行了整理，使門戶更加嚴謹難破，被武林中譽為「硬手拳」，實是「鷹手拳」；並將翻子門的四個硬趟子（五郎錘、獨蟒出岸、裸掃、五肘四翅）加以「岳氏散手」少林拳手法，編成「鷹爪十路行拳」；把楊氏八母十三梨花槍改編為六合槍，並將岳氏散手、八翻散手、少林拳、連拳、擒拿手聯為一體，揭開了鷹爪翻子拳的改編序幕。名曰翻子門鷹爪門派。

陳子正（1878～1933），劉成有的外甥，自幼跟劉成有刻苦學藝，造詣頗深，名列諸生前茅。

陳子正中年時期應邀到北京「模範軍團」任教，後被劉鳳池、王寅卿聘請到黑龍江省立各校任武術教練，任教期間，在武林界威望很高。

劉法孟著《鷹爪一百零八擒拿術》中，李莫昂評論陳子正「威鎮全國」。民國八年，應穆藉初、陳公哲特邀，陳子正赴中央精武會任教多年。相繼於聖約翰大學、中國公學

院、香港精武會、香港大學、香港聖士提、皇仁書院及海外
各精武會任教。晚期任上海精武會副會長。在武林中被譽為
「鷹爪王」。由此可以看出他的造詣之深。

　　陳從武歲月，痛心於國民懦弱，政府腐敗，立志「教懦
夫立」「重振國威」。為了提高學練者的學習興趣，將鷹爪
翻子拳多次修改，改編成鷹爪連拳五十路。後又兩次遍訪名
家，總結數年與人搏擊的經驗，使該拳比較完備地形成了現
在延傳下來的鷹爪翻子拳體系。由此可以看出，劉仕俊、劉
成有是該拳的主要編創人，劉啟文、陳子正等對此拳的發展
具有極大的促進作用。在 1984 年張星一整理該書時，正式定
名為現在的「鷹爪翻子拳」。

二、鷹爪翻子拳的風格特點

　　此拳兼有少林拳的特點，並揉進劉仕俊散手，主要技法
是抓打擒拿、翻崩擠靠；手法講究一號、二拿、三降、四
守，分筋錯骨，點穴閉氣，粘衣如號脈，剛柔靜中求。此
外，其拳法戰術講究：陰陽、裡外、上下、長短、軟硬、快
慢、真假、虛實，該拳總的要求是：手要快，眼要明，身要
靈，步要輕，引對手，打拳心，出入有門，進退有法。如打
算盤一樣，如擺陣勢一般。彼擊首，則首應；彼擊尾，則尾
應；彼擊中則首尾相應。對壘時，手對手，無處走，敵愈
近，則越易制勝。既有少林拳、翻子拳的特點，又突出鷹爪
力的擒拿風格。此拳講究快、變、連（即打快、閃快、變
快、母子相生、連綿不斷、一手多變、招勢相連），與人交
手時還講究一膽、二力、三轉、四志、五眼、六合、七勁、
八打八不打，借人之力，順人之勢，制人八害（即人之八處

要害），戰敵四虛。還有許多，就不加贅述。總之，鷹爪翻子拳從技術上來講，是有其非常獨到之處的。

三、鷹爪翻子拳的健身作用

該拳雖有鷹爪手法，實屬長拳種類，因此，對練習者的身體素質要求是比較高的。它的動作舒展大方、快速有力、節奏明顯、剛柔相濟；動作幅度大，關節活動範圍廣，練習時既要求肌肉和韌帶拉長，還要求有彈性。經常練習能有效地提高四肢的柔韌性，還可以鍛鍊人體的力量、速度、彈跳和靈敏等素質。因為要求在一分鐘內像燃放鞭炮一樣完成幾十個動作，這就需要練習者具有很強的耐力素質和爆發力。

鷹爪翻子拳還要求「動如脫兔，靜如處女；進如閃電，退似飄風」，如旋風腳接扎馬平衡，運動接靜止動作要求十分穩健。經實踐證明，這不僅提高了神經系統的活動控制能力，而且由於神經中樞的興奮與抑制要隨著動靜的變化而迅速變化，也就提高了神經系統的靈活性和均衡性；活動量比較大，對新陳代謝有很大幫助，更提高了血液循環系統和呼吸系統的機能。

特別是鷹爪翻子拳的刁手動作和組爪方法，如摔腕按刁、抄刁、扣刁、立刁等動作，比長拳，少林拳的沖拳、推掌等動作增加了難度，它的爪法都是靠腕關節和十指，加之前臂的旋轉動作而完成的；爪指用力時靠意念力至爪端，其動作主要由小指、無名指、中指、拇指所成的揸力來完成。這樣，就大大加重了手厥陰心包經、手太陽小腸經、手少陽三焦經、心經的工作量，經常做此動作，能夠使上述各經得到充分鍛鍊。前臂的旋轉動作是鷹爪拳的一個顯著特點，心

經和心包經均起於心，循臂走手達指端，同時，因心經和心包經分別與小腸經和三焦經相表裡，所以，臂的旋轉可以提高對心經、小腸經、心包經、三焦經的刺激強度，能起到暢通經絡，強筋壯骨，增強體質的作用。

四、鷹爪翻子拳的傳播方法

該拳種在民國以前，採用以打人傳人，傳什麼招法便用什麼招法打被傳人的方法教學，使學者因受打而領會技法和要領。民國以後，就採取做示範動作，講授動作意義和道理，使學者單獨演練，再指導練習的方法。

綜上所述，鷹爪翻子拳是在古老的武術基礎上逐步發展起來的優秀拳種。它總結吸收了數十年來的格鬥經驗，是武術與力學、醫學的統一；它源於技擊實踐，創於技擊實踐，並且經過實踐的檢驗，具有良好的實用價值和很強的健身作用。

第二節　鷹爪門擒拿術的風格特點

一、鷹爪門擒拿術的主要特點

抓打擒拿，分筋錯骨，拿穴即閉氣，粘衣如號脈，擒拿可並用，剛柔靜中求。進攻拳掌打，回抽鷹爪抓，出爪密如雨，脆快一掛鞭。還講究陰陽、裡外、上下、長短、軟硬、快慢、真假、虛實，接手有一號、二拿、三降、四手，借人之力，順人之勢，制人八害（人之八處要害），戰敵四虎。對壘時，手對手，無處走，敵愈近則越易制勝。難怪該術練

到一定程度，對壘時無不所向披靡。

二、鷹爪門擒拿術的淵源

該術出自少林，流傳至現今也只保留下很少一部分了。因為擒拿術與點穴、卸骨是少林寺護院、護法之絕技，即使是同門子弟，非克己復禮，崇尚武德，具有慧根者，不能得其傳授。此絕技傳至民間以後，也是傳單不傳雙，傳子不傳女，所以，至今還是秘而不傳，傳而不宣。

本人深負吾師國硯田、姚建華之厚望，獲得傳授此三項秘技，雖學未盡然，學藝不佳、不深，但也期望這本書能起到拋磚引玉的作用，使這一國粹能夠發揚光大，傳之後人，這也是本人寫作此書的心願。

擒拿術歌訣：

扣指輕拿把敵傷，腕力一推我武揚。

鎖住敵人筋和骨，閉住穴門跌當場。

左手擒住右手拿，左右並用肩腿胯。

手法靈敏敵難躲，指勁精巧無人當。

第三節　鷹爪門擒拿術的基礎知識

一、擒拿術與點穴術、卸骨法
##　　的不同之處

擒拿術、點穴術、卸骨法表面看來都是一脈相承，是一回事，並無區別，實際不然，三者根本不能相提並論。當

然，傳者並非一人，法、道也會各異。然究三法之理，點穴術可以制人，完全在阻止人身氣血之流行，使被點者失其知覺，即靠周天定時，氣血循行之道，知之某時氣血流至何宮，血注何穴，用力而點之，其穴既閉，則氣血因之壅積，不能流行，身體之機能部分或完全失去而導致或傷或死。大穴點之，可克期取命；小穴點之，能使人麻木不仁，暈而不醒人事。若死穴被點，決無法可求；如小穴被點而封，則可以手法治之，所以非深諳此道者不能施之，慎之，切慎之。點穴之道也是對立統一的，穴雖認得準，指刺功力不達也無濟於事；力量雖大，但認穴不準，也是不能見效。

　　而卸骨，其所以制人者，完全在於使其骨骼關節脫臼或傾斜，使被卸者失去抵抗能力。靠的是捏、拿骨關節結合部位的準確和力量。

　　擒拿術在手法方面，雖也用指勁制敵，但不用點制，也不用捏點之力，只用拇指、食指、中指三指相扣之力，作鷹爪提物之狀，故名鷹爪力之功。至於功效，擒拿術以輕功取勝。雖然也涉及穴位關節，但主要部分在其筋、肌與骨節，對方被擒拿之後只是暫時失去原來之機能而受制於我，但放手之後，不久就會恢復原狀，與點穴不同之處是殺傷的輕重，且不至於害及性命。

二、學習鷹爪門擒拿術首先需要揣骨、尋筋、認穴

　　任何技藝的學習，都是由生到熟，熟能生巧，巧能致用；按運動技能的形成過程講，不外乎分化過程，泛化過程和自動化過程。擒拿術也不例外，學習擒拿術首先要揣骨、

尋筋、認穴。然擒拿術制人，重在骨之關節，筋之主從。穴位之準確，特別是對筋骨各部位的關節位置必須全部明確，且熟記於心，毫不差錯才行，只有這樣，才能學以致用，立竿見影。如果此項不明，絕難指望其應手見效。

首先是揣骨。要對照解剖骨骼圖解和骨架進行背誦並記熟；其次，準備一具骨架捏練、揣摸，直到熟練記準為宜；再次，就是與同道相互進行考試以增強記憶。尋筋和認穴的方法與揣骨基本相同，就是認識全身各部位的肌肉、穴位和經絡，也是採取與同道相互捏拿的方法。如果按準，對方會立即有所感觸，直至認穴、尋筋準確為止。

三、擒拿術中所涉及的骨骼

擒拿術中所涉及的骨骼主要有鎖骨、肩胛骨、上臂骨、橈骨、尺骨、腕骨（由8塊小骨組成）、手骨、髖臼、大腿骨、髕骨、腓骨、脛骨、跗骨。

四、擒拿術中可以制人要害的筋絡

(一)笑筋

笑筋屬於面部筋之一，口骨兩側，各有三條，專司口角之運動。此三者之中，有一條專表示笑態者，即為笑筋。凡筋之在顏面者，除為連絡各部外，大概各表示喜怒哀樂。

擒拿術中，除背筋、胸筋等部，不能以拿取之，別的筋絡，大部分都可拿取。

(二)耳 筋

耳輪諸筋，其形狀大部分細小，而能力最微弱，至於附處之各筋，如僧帽筋、耳原筋與胸鎖乳、乳嘴筋等有著很大關係，在人體各筋中，也是很重要之部位。俗話說：「耳為一小周天。」在擒拿術中，如被拿用力過大，非但可以制人，而且可以使人昏暈或致命。

(三)屈 筋

人體四肢之所以能運動自如，全賴於骨骼之做支柱，筋絡之伸縮，關節之靈妙。屈筋在其中的作用是非常重要的，這種屈筋各關節都有，加之有神經附於其上，若此屈筋被拿，必猛力收縮，如被拿一部分，必屈而不伸，使關節失去運動能力而受制於我。因此，屈筋不論其所居何骨之上，在擒拿術中，實為最重要的部分。

(四)伸 筋

伸筋與上述之屈筋則完全相反，根據其部位和功效，而分布在四肢的關節間；各伸筋所在關節不同，所叫的名稱也有所不同。四肢之伸直，此筋實在收縮狀態；若伸筋被拿，必猛收縮，如被拿之一部分，亦必直而不屈，同樣也會失去該部分的抵抗能力，而被我所制。所以，此筋也是擒拿術中的主要筋絡。

(五)筋 腹

人體各個筋絡，大概皆分為筋首、筋腹、筋尾三部分。

筋腹質地非常柔軟光滑，猶如綢絹，而堅韌異常；其形狀也有所不一，有細長，有短粗。筋絡與筋相結合，全賴筋腹之功，所以大部分互相牽引，筋腹受傷害，則骨與肌肉失去聯絡，其影響甚大。

(六)筋 尾

其作用是連接肌肉，包覆骨骼，使之互相吻合，是外面不易損傷之要件，更能維護骨骼活動的能力。所以，此筋也非常重要。

(七)腓腸筋

腓腸筋為擒拿術中的重要筋絡，生在膝部，膝關節的構造活動，主要靠該筋之功。其位置於膝部之外側。在膝部上面居中，則稱為中腓腸筋，若此筋受傷，則下部完全失去原有之能力，甚至不能直立和行動。此筋並不大，故最易拿取而制人。

以上七則，不過是舉其大略而已。對「筋」的說法，如按現代解剖學，則是「肌肉」的代稱，本人為了符合舊名，說起來通俗易懂，在此中也稱之為「筋」。

五、擒拿術涉及的主要穴位

人身穴道，共有三百六十多，前面已述。在點穴術中，按照氣血流經的途徑，依時點穴，可使氣血閉塞，全身失去其機能。所以，點穴完全注重穴道；卸骨則完全注重骨節；而擒拿一術，則可以穴道為輔。但全身無數穴道中，可用拿法者甚少，依我們拿穴譜中記載，只有二十四穴可以拿之，

這也是這三種秘籍各自的特點所在。

以下是擒拿術中主要用到的二十四穴道。

(一)太陽穴

太陽穴，又名金錢穴，在二十四穴中為死穴。拿時可致人昏暈，稍重則可克期取命，若落手太重，必立即致死。

(二)天容穴

天容穴在二十四穴中也為死穴。

(三)風府穴

風府穴，為拿穴中之死穴，如此穴被拿，可使人四肢發軟，立即昏暈。

(四)天柱穴

天柱穴雖不若以上幾穴能觸手致命，在二十四穴中也是死穴，若被拿，輕者立刻暈倒，重者也會致命。

(五)廉泉穴

廉泉穴，拿穴中亦為死穴之一，拿得稍重也可致命。

(六)肩井穴

又名膊井穴。此穴雖非死穴，如被拿之後，雖然不能馬上致死，但也可立即使四肢綿軟無力，四肢無力則失去抵抗能力，但神志尚清。在暈穴中，為大穴。

(七)巨骨穴

巨骨穴在二十四穴中，為暈穴之一。

(八)臂臑穴

臂臑穴在點穴術中為麻穴，在擒拿術中為暈穴。若被拿之，則酸麻而立即倒地。

(九)五里穴

五里穴被拿後即刻失去轉動機能。

(十)曲池穴

曲池穴被拿，雖不致命，其暈的程度甚大。

(十一)少侮穴

少侮穴又名曲節穴，在擒拿術中也佔很重要的地位。

(十二)曲澤穴

曲澤穴是暈穴，唯拿可與四瀆同拿，雖非一脈，亦易見效也。

(十三)陽池穴

陽池穴又名通門穴，為暈穴，其功效不亞於曲池穴。

(十四)脈腕穴

脈腕穴在拿穴中最為實用，拿之非但易於暈倒，如用力

過猛，拿時稍長，也可致人於死地，該穴為死穴之一。

(十五)陽谷穴

該穴為暈穴。

(十六)期門穴

期門穴為死穴。若被拿住，輕則昏暈倒地，重則斃命身亡。

(十七)章門穴

又名長平穴、季肋穴、脾募穴，在擒拿術中為死穴。若被拿之，輕者致殘，重者身亡。

(十八)鳳尾穴

鳳尾穴在二十四穴中為暈穴，是大穴。若被拿之，時間有誤，即可氣逆血閉，顧時暈倒，如延誤時間亦會傷及內臟。

(十九)精促穴

精促穴為死穴之小者。若被拿之，即刻昏暈，但如施之手法秘方，尚還有救；若被拿之過重，雖然當即不致於死亡，但可致殘，然可用藥急救之也。

(二十)白海穴

白海穴為極大暈穴，只是腿部肌肉極厚，最不易拿，非用大力才能拿之應手。

(二十一)委中穴

委中穴，其穴處肌肉薄弱，較諸白海穴易於施用手法，但只須時辰準確，加之於適當力量，即可使人昏暈過去。

(二十二)築庚穴

築庚穴為暈穴，此穴肌肉較厚，拿時須加足力量，才能奏效，輕則不易取之。

(二十三)公孫穴

公孫穴屬太陰脾經，在二十四穴中為暈穴，如被拿住，則腰酸腿軟，不能自主。

(二十四)湧泉穴

湧泉穴，又名地衝穴，該穴在二十四拿穴中為死穴，且為人身各穴之總樞，最易受拿。如落手輕者，亦能限期取命；如落手過重，則可立即身死；如在亥時拿之，為最危險之時也。此穴為最大之死穴。俗話說「保險半夜不修腳」，也是這個道理。

六、鷹爪門擒拿術的擒法

擒法的功能，是輔佐拿法之不足的手法，大多數時能單靠擒手以制勝。在表面看來，兩者都很重要，實際上擒是以配合拿之用，因為有時單拿不能單用制人，必須有擒的程序，才能更加得心應手。故擒與拿是相輔相成、相互辯證的關係。唯拿法有時可以單用，而擒法則不可單用。如左手

擒，則必須使右手拿之，此一定之法也。

擒之手法，分為正擒和反擒，其手由下向上而擒住對方手臂，虎口向內，此為反擒。如，對方起腳踢我腹部，常規是非退即躲，非挑即斫；而用擒拿之手法，則以手綽其脛部，更以拿法制之。此種擒法，必須虎口向外，此為正擒。擒法並不用很大之笨勁，以能接住對方使其暫不能脫去，即為合適。

七、鷹爪門擒拿術的拿法

拿法，是制敵制勝的妙法，其用法不如擒手簡便快捷。實施拿的手法，須視擒之時的便利而定，必須選對方易於受制之處而拿之；若拿不緊要處，即失去擒拿之原則，更不是擒拿之本意，也不能應手奏效而失去戰機。拿法中最重者，即為筋絡、關節、穴位三個重點，非此三項不足以制人。

當然，三者之中，以關節最為好認，因為各部關節，都顯於表面，易於摸出；筋絡則隱於皮肉之內，非有相當之經驗，下相當之苦功後，不能應手而得；至於穴位，雖然有其定所，但它佔的位置很小，必須下兩年之苦功，才能有其心得，以致實用。拿法，有正拿、反拿之分，凡虎口向外，拇指在陰面以拿人者，謂之正拿；如拿人時，虎口向內，拇指在陽面，謂之反拿。有同時一手擒、一手拿，也有雙手同時並拿，還有單用一手拿，總之，擒拿之術要視對方的來式而定，不能拘泥而不化，死套公式。但大體可以按以下之歌訣的原則，即「單擒隨手轉，雙擒捏帶攀；（纏）單拿手腕肘，雙拿肩膀走」。

八、氣血流注十二時辰所主穴道

　　為幫助擒拿者懂得拿穴之要害，有利於用之輕重，懂得血液流注的時間，現把氣血流注的十二時辰所主穴道歌開列於後。

　　　子時人中穴，
　　　丑時天庭穴，
　　　寅時喬空穴，
　　　卯時大杼穴，
　　　辰時太陽穴，
　　　巳時上倉穴，
　　　午時腕脈穴，
　　　未時土坎穴，
　　　申時丹田穴，
　　　酉時白海穴，
　　　戌時下陰穴，
　　　亥時湧泉穴。

九、古傳拿穴歌

　　　人身之血有一頭，
　　　白夜行走不停留。
　　　遇時遇穴如傷損，
　　　一切不治命要休。
　　　子時走在心窩穴，
　　　丑時須向湧泉求。
　　　對口是寅山根卯，

辰到天平巳鳳頭。
午時即與中腕會，
左右命宮分在未。
鳳尾屬申封門酉，
丹臂俱爲戌時位。
六宮直等亥時來，
不教汝搏斯爲貴。

又歌：

子踝丑腰寅在目，
卯面寅頭巳手熟。
午胸未腹申在心，
酉背戌項亥膠承。

又歌：

寅時氣血注於肺，
卯時大腸辰時胃。
巳脾午心未小腸，
膀胱申注腎酉注。
戌時包絡亥三焦，
子膽丑肝各宮位。

又歌：

上止天庭二太陽，
氣口血海四柔膛。
耳後受傷均不治，
傷胎魚笠即時亡。
前後二心並外臂，
魚睛目定甚張忙。

肋梢插手難於治，
腎俞丹田最難當。
夾脊斷時休下藥，
正腰一笑主身亡。
傷人二乳及胸膛，
百人百列到泉鄉。
出氣不收無藥石，
翻肚吐淚見閻王。
顖門髓出陰陽混，
君則何須覓妙方。

十、擒拿術與陰陽五行的聯繫

鷹爪門擒拿術屬武術的範疇，是以五行相生相剋為最基本的原理，它是人體各部位制人與被人制的矛盾統一，特別是徒手戰，則更能顯示出這一原理的運用。宋時岳武穆的岳家軍就曾運用此擒拿術屢勝金兵，充分顯示了擒拿術的威力。

綜上所述，人體各個部位，如同一個小天地，各穴的分布，如星辰分布於天空；筋脈的貫通，如山川分布流行於大地。其於孔竅、毛髮之所被，則如草木生物，雜生於天地之間，當然，這是外表之徵象，還有五行合於五臟（五行即金、木、水、火、土，五臟即心、肝、脾、肺、腎），所以，也有五行生剋之理，十二經合於十二時之位。

第 **2** 章
鷹爪門擒拿術解剖部位圖說

第一節　關　節

　　人體的關節，也稱之為骨節，是有機體內部最為堅固的結構，在有機體生活中，起機械作用。正常成人共有 206 塊骨。

　　人體的骨、骨連接（主要是關節）和骨骼肌三部分構成了運動系統，在其神經系統的調節和配合下，對身體起著保護、支撐和運動的作用。如，胸廓保護著非常重要的臟腑心、肝、脾、肺、腎；顱骨保衛著大腦；椎管保衛著骨髓等等。

　　骨大體可分為顱骨、軀幹骨和四肢骨三部分。

　　骨的功能主要有：

　　（一）骨與骨之間形成關節，結成骨骼，構成人體支架，故有支持人體的軟組織（如肌肉、臟器等）和承擔身體局部及全身重量的功能；

　　（二）骨在肌肉收縮時被牽引，繞關節軸轉動，使人體局部或整體產生各種各樣的運動，因此，骨是人體運動的槓桿；

（三）骨有保護功能，前已講述；

（四）骨內有紅骨髓，具有造血功能；

（五）骨是鈣磷的儲備倉庫。

骨之間的連結可分為不動關節和動關節，練習擒拿者必須懂得，只有練熟才能施之得法。

關節的分類，根據運動軸的數目和關節面的形狀，全身關節可分為單軸關節、雙軸關節和多軸關節。

關節運動的幅度是習練擒拿術所需熟練掌握的要素，比如，腕關節的背伸和掌屈程度不能超過75°角，左右側各45°角，如超過，骨骼就會受到損害和傷殘；再如，肱尺關節的肱骨滑車的角度是 32°，尺骨半月切跡的角度是 180°，因此，肱關節屈和伸的最大幅度是 320° － 180° ＝ 140°。如果超過此幅度，就會使該臂受到傷害。

還有腕關節，也是實施擒拿術最多、最主要的關節。其關節由舟骨、月骨、三角骨、豆狀骨、大多角骨、小多角骨、頭狀骨、鉤狀骨 8 塊小骨組成，上與尺、橈骨下端相接，下與掌骨上端相接，共同形成腕關節。各骨排列有序，銜接成一個不容有絲毫紊亂的整體，只有這樣，才能活動自如，靈巧多變。腕關節是擒拿最為重要的關節，沒有腕關節的施術，也就無所謂擒和拿了。

總之，各個關節，都有其生理特點，能夠進行各種不同的運動和被擒、被拿，這裡不一一敘述。關鍵的是，只有認真、刻苦地去揣骨、操練，交手時還需因其形、就其勢、乘其機而順取之，方能得心應手，收到好的效果。見圖 2-1～圖 2-6。

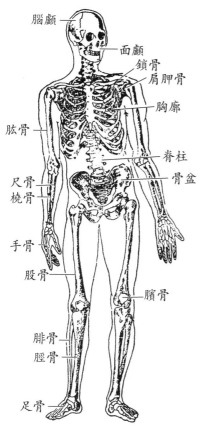

腦顱

面顱

鎖骨

肩胛骨

胸廓

肱骨

脊柱

骨盆

尺骨

橈骨

手骨

股骨

髕骨

腓骨

脛骨

足骨

圖 2-1　人體骨骼（前面）

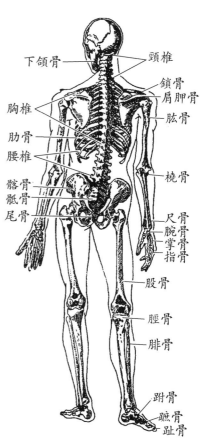

下頜骨

頸椎

鎖骨

肩胛骨

胸椎

肱骨

肋骨

腰椎

橈骨

髂骨

骶骨

尾骨

尺骨

腕骨

掌骨

指骨

股骨

脛骨

腓骨

跗骨

蹠骨

趾骨

圖 2-2　人體骨骼（後面）

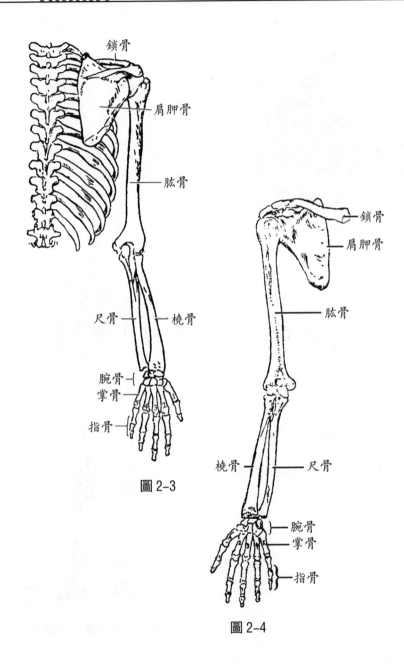

鎖骨

肩胛骨

肱骨

尺骨 ── 橈骨

腕骨{
掌骨

指骨

圖 2-3

鎖骨
肩胛骨

肱骨

橈骨 ── 尺骨

腕骨
掌骨

指骨

圖 2-4

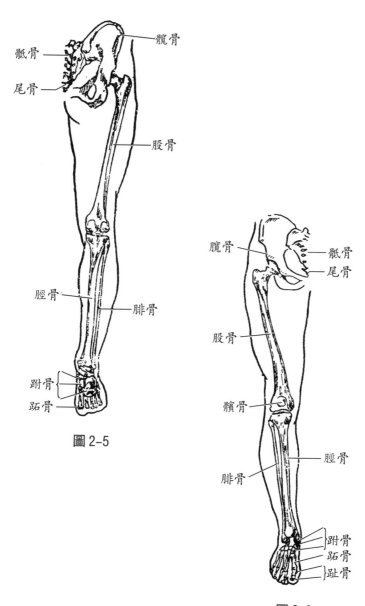

髖骨

骶骨

尾骨

股骨

脛骨

腓骨

跗骨

跖骨

圖 2-5

髖骨

骶骨

尾骨

股骨

髕骨

腓骨

脛骨

跗骨

跖骨

趾骨

圖 2-6

第二節　肌　肉

人體有三種類型的肌肉，即平滑肌（在內臟）、心肌（在心臟）和骨骼肌（附長在各種骨上）。肌肉在人體的分布極其廣泛，全身肌肉有五百餘塊，其重量約佔體重的40％。而四肢肌肉約佔肌肉總重的 80％，由於密切配合局部的功能，各處的肌肉發育也不均衡。

例如，由於人體直立姿勢的影響，背部、臀部、大腿前面和小腿後面（即腿肚子）的肌肉特別發達；常做本書第三章所介紹的秘傳大五功，則能使人體的腿部、腹部、背部、臀部的肌肉發達。這裡，我們主要講述的是骨骼肌中與擒拿法有關的「肌」，古稱為「筋」。

骨骼肌包括肌腹、肌腱兩部分，有屈肌、伸肌、旋前肌、旋後肌之分。它們分別有屈伸、外展、內收、旋轉關節等作用。

鷹爪門擒拿術所謂的「分筋」，就是非常重要的拿肌（筋）手法。因為筋肉的質地柔軟，可使用練過專功的指力和指法，將其拿而制之，使其筋肉挫傷、斷裂、脫骨。可想而知，這幾種損傷，不單只是筋肉的簡單損傷，與筋肉伴行的血管、神經也會受到損傷，其損傷比筋肉的損傷還要厲害。所以，擒拿術非常注重於筋肉、關節的施用。其妙處就在於此。當然，所涉及擒拿術的筋肉很多，都是各施其職，在本書第一章已經有所介紹，在此不多贅述。見圖 2-7、圖 2-8。

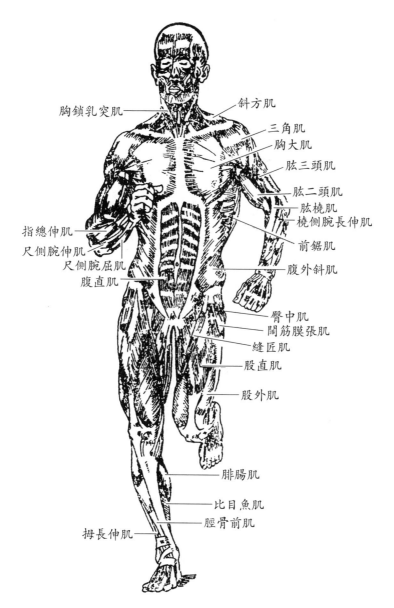

胸鎖乳突肌

斜方肌

三角肌

胸大肌

肱三頭肌

肱二頭肌

肱橈肌

橈側腕長伸肌

前鋸肌

指總伸肌

尺側腕伸肌

尺側腕屈肌

腹直肌

腹外斜肌

臀中肌

闊筋膜張肌

縫匠肌

股直肌

股外肌

腓腸肌

比目魚肌

脛骨前肌

拇長伸肌

圖 2-7　人體肌肉（前面）

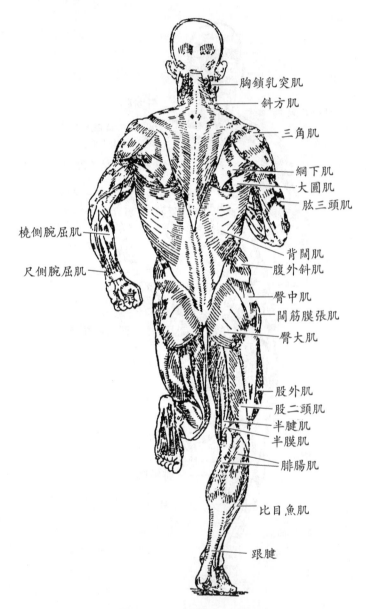

胸鎖乳突肌
斜方肌
三角肌
綱下肌
大圓肌
肱三頭肌
橈側腕屈肌
背闊肌
腹外斜肌
尺側腕屈肌
臀中肌
闊筋膜張肌
臀大肌
股外肌
股二頭肌
半腱肌
半膜肌
腓腸肌
比目魚肌
跟腱

圖2-8 人體肌肉（後面）

第三節　穴　位

穴位學說是中醫理論的重要組成部分，是我國之國粹，它與吐納、導引、氣功、點穴、針灸，特別是擒拿術等武術技擊術都有著很密切的關係。

《靈樞海論》篇一曰：「夫十二經脈者，內屬於臟腑，外絡於肢節。」

穴位者，為臟腑、經絡之氣輸至人體表面部位，稱之為腧穴。腧者，轉輸也；穴者，孔隙也。古稱人體有十二正經及奇經八脈，穴位三百六十有奇。

鷹爪門擒拿術，一是施制於關節，也就所謂的錯骨和反關節的應用；二是施於經絡（實際是比較薄弱的肌肉），而達到分筋的目的；三是施制於穴位。可按周天定時之理，拿制一定穴位，使其氣血阻塞不通，運動機能一時喪失，從而使被拿者受制於我。總之，既可順勢分筋錯骨，不候時辰制敵，也可按子午流注定時取穴制之。

鷹爪門擒拿術所涉及的穴位已經在本書第一章第三節做了概述，可按其穴位進行鍛鍊，達到熟能生巧之工。本節不再贅述。見圖 2-9～圖 2-14。

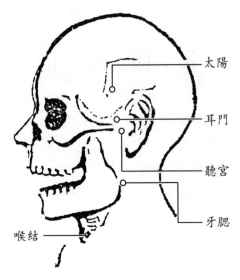

太陽

耳門

聽宮

牙腮

喉結

圖 2-9

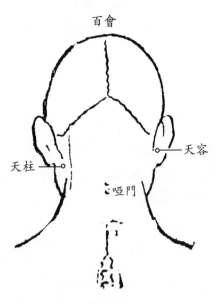

百會

天容

天柱

啞門

圖 2-10

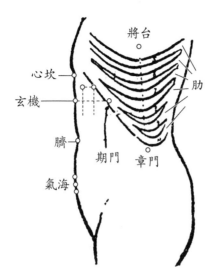

圖 2-11

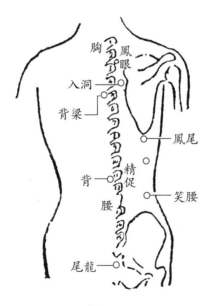

圖 2-12

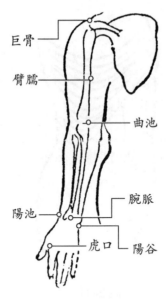

巨骨
臂臑
曲池
腕脈
陽池
虎口
陽谷

圖 2-13

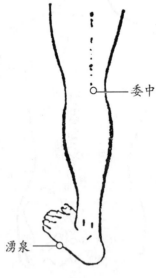

委中

湧泉

圖 2-14

第 **3** 章
鷹爪門擒拿術的基本動作和基本功法

第一節　手　型

一、拳

四指併攏，捲屈握緊，拇指壓在食指和中指的第二指節上。（圖3-1）

要求拳握緊，拳面平，手腕直。

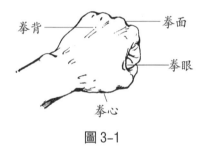

圖 3-1

二、掌

四指併攏伸直，掌指向後伸張，拇指彎曲扣於虎口處。（圖3-2）

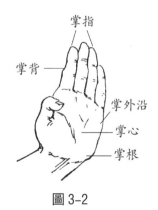

圖 3-2

三、鈎

五指的第一指節捏攏在一起，手腕彎曲。（圖3-3）

四、鷹爪

四指併攏，第一指節和第二指節彎曲，拇指的第一指節和第二指節彎曲並微內收。（圖3-4）

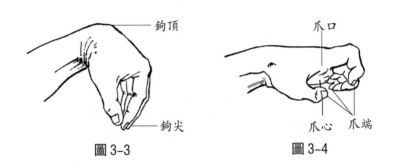

圖3-3　　　　　　　圖3-4

第二節　手　法

一、摔腕練習

右（左）掌向下、向裡、向上、向外繞環變爪抓刁，爪心朝下，爪口向前，力貫指端，肘微屈，叫「摔腕按刁」。如果沒有摔腕動作叫「按刁」。（圖3-5）

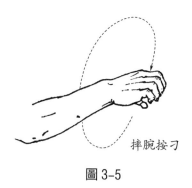

摔腕按刁

圖 3-5

二、立　刁

右（左）掌向上、向外、向下、向裡繞環變爪，爪心向左，爪口向前，力貫五指，右（左）臂微屈叫「立刁」。（圖 3-6）

三、抄　刁

右（左）掌向上、向外、向下、向上繞環變刁抓刁，爪心向上，爪口向前，力貫五指，右（左）臂微屈叫「抄刁」。（圖 3-7）

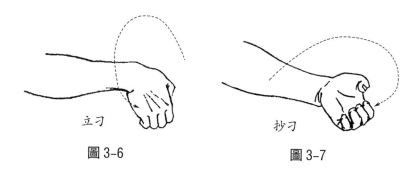

立刁

抄刁

圖 3-6　　　　　　　圖 3-7

四、扣刁

右（左）掌向外、向上、向裡、繞環變爪抓刁，爪心向下，爪口朝內，力貫五指，右（左）臂微屈叫「扣刁」。（圖3-8）

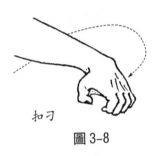

扣刁

圖3-8

鷹爪門擒拿術的手法以刁手、擒拿為主，所以，手和腕的功法訓練是很重要的。主要有四勢練法，為基本練法，勢雖簡單，但效果甚佳，其練法如下。

第一動

預備勢。兩腳併步直立，意識注意片刻，然後站馬步，身體正直，懸頂鬆胯，氣向下行，沉肩墜肘，兩手握拳於兩腰側，拳心朝上；右手向前按刁，爪心朝下，爪口向前，再向後拉回變拳握於腰間，拳心朝上。此時全身放鬆，氣沉丹田。此勢是練擒手之法。（圖3-9～圖3-12）

注意事項：兩腳站穩，氣向下行。

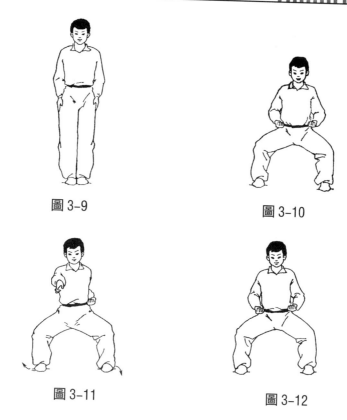

圖 3-9

圖 3-10

圖 3-11

圖 3-12

第二動

承上勢。左腳跟和右腳掌碾地，身體右轉 90°，右腿屈膝半蹲，左腿挺膝蹬直成右弓步；左臂內旋向前平身沖拳，拳心朝下；目視前方。（圖 3-13）

上動稍停。右腳跟和左腳掌同時碾地，身體左轉 90°，兩腿屈膝半蹲成馬步；同時，左臂外旋收抱於左腰側，拳心朝上，右手不動；目視前方。（圖 3-14）

注意事項：左手回收要快。

圖 3-13

圖 3-14

第三動

承上勢。屏神凝氣，左拳變掌向前做摔腕按刁，爪心朝下，爪口向前，隨即屈肘拉至左腰側變拳，拳心朝上；目視前方。（圖 3-15、圖 3-16）

注意事項：在刁手時，著力於小指、無名指和中指，以食指和拇指為輔。此勢在練習時重心要穩，精神集中，速度不宜快。

圖 3-15

圖 3-16

第四動

上動稍停。即如第二動動作，唯左右相反。最後，兩腿併步直立，收勢。（圖3-17～圖3-19）

以上四個動作要左右反覆練習。初練習時，一次各練十餘遍，不可過多。一週之後，便可逐日增加一次。練到每次百遍時，其爪、拳、臂力均可有明顯增強。

圖 3-17　　　　圖 3-18　　　　圖 3-19

第三節　步　型

一、馬　步

兩腳左右開立，略寬於肩，兩腳尖向正前方，兩腿屈膝半蹲，膝蓋垂直腳尖，大腿接近水平，兩腳全腳掌著地，重心落於兩腳之間。（圖3-20）

圖 3-20

圖 3-21

二、弓　步

併步直立，一腳後退一步，挺膝蹬直，腳尖稍裡扣，斜向前方；另一腿屈膝半蹲，大腿接近水平，膝蓋與腳尖垂直，兩腳全腳著地。弓左腿為「左弓步」，弓右腿為「右弓步」。（圖 3-21）

三、虛　步

又名「單鞭勢」。兩腳前後開立（約為本人腳長的 2.5 倍），前腳全部著地，腿屈膝；後腿屈膝半蹲，腳尖外撇 45°，全腳著地。左腳在前為「左虛步」，右腳在前為「右虛步」。（圖 3-22）

要求：重心偏重於後腿（一般為前三後七，故又稱三七步）。

圖 3-22

四、仆　步

兩腳左右開立，一腿全蹲，腳尖外撇；另一腿伸直平仆，接近地面，腳尖裡扣，兩腳全腳著地；上體挺胸塌腰。仆左腿為「左仆步」，仆右腿為「右仆步」。（圖 3-23）

五、歇　步

兩腿交叉屈膝全蹲，在上面一腿的腳全腳著地，另一腿的腳前掌著地，膝蓋前插貼緊上腿外側，兩腿緊貼；臀部坐於下腿接近腳跟處；上體挺胸塌腰。（圖 3-24）

六、丁　步

併步直立，兩腿屈膝半蹲，一腳全腳著地；另一腳腳跟抬起，腳面繃直，腳尖虛點地面貼於另一腳內側，或距另一腳 20 公分左右虛點地面。左腳尖點地為「左丁步」，右腳尖點地為「右丁步」。（圖 3-25）

圖 3-23　　　　　圖 3-24　　　　　圖 3-25

第四節 步 法

一、疾 步

兩腳併步站立，一腳向前上步，另一腳隨之緊跟一步，由腳前掌擦地過渡到全腳著地，落於前腳的內側，隨即前腳又抬起向前上步，全腳著地。左腳在前為「左疾步」，右腳在前為「右疾步」。（圖3-26～圖3-28）

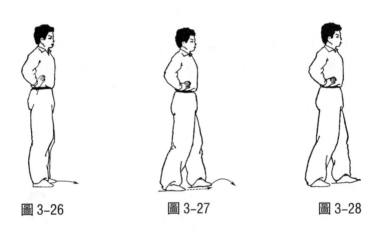

圖3-26　　　　　圖3-27　　　　　圖3-28

二、偷 步

兩腳左右開立，腳尖向正前方，右腳抬起，經左腳後向左後插步，落於左腳的左後方，兩腿交叉。向左插步為「左偷步」，向右插步為「右偷步」。（圖3-29、圖3-30）

圖 3-29　　　　　　　　　圖 3-30

三、倒疾步

　　兩腳併步站立，兩腳尖向前，左腳向左開步，隨即右腳
經左腳後向左插步，右腳落地左腳立即抬起再向左開步。向
左開步為「左倒疾步」，向右開步為「右倒疾步」。（圖
3-31～圖 3-34）

圖 3-31　　　　　　　　　圖 3-32

圖 3-33

圖 3-34

四、顛起踢步

　　右腳在前，兩腿前後開立，左腳向前上方擺動，右腳掌猛力蹬地使身體騰空，腳面繃平向前上彈踢，左腳先落地，右腳向前跨出落地。（圖 3-35～圖 3-37）

圖 3-35

圖 3-36　　　　　　　　　　圖 3-37

第五節　腿　功

一、壓　腿

　　正壓腿：面對一定高度的物體，併步站立。一腳提起，腳跟放在物體上，腳尖勾起，兩腿伸直，挺胸，塌腰，收胯，上體前屈，以雙手扳住腳尖，使下頦逐漸接近於腳尖。兩腿交替進行。（圖 3-38、圖 3-39）

圖 3-38

圖 3-39

側壓腿：身體左側對一定高度的物體，併步直立。右腳尖外撇，左腳抬起，放在物體上，腳尖勾起，兩腿伸直。左手屈肘收於胸前，身體左側臥於腿上，右臂上舉，隨身體左臥，使右手逐漸接近於左腳跟。兩腿交替練習。（圖3-40）

圖 3-40

二、劈　腿

豎叉：兩手向左右一字分開，兩腿伸直前後分開下壓，前腳腳尖勾起，後腳腳面繃平放於地面，逐漸使兩腿成一直線，左右交替練習。（圖3-41）

橫叉：兩手在體前扶地支撐，兩腿分開向左右伸直，兩腳內側著地，兩腿逐漸向下接近於水平。（圖3-42）

圖 3-41

圖 3-42

三、踢　腿

正踢腿：兩腳併步站立，兩手向左右一字立掌分開，右腿向前上半步，重心前移，左腳尖勾起向額前猛踢。踢腿時要直腰、髖正、頭正，兩腿伸直。兩腿交替練習。（圖3-43、圖3-44）

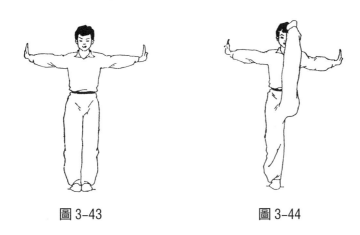

圖 3-43　　　　　　　　　圖 3-44

斜踢腿：兩腳併步直立，兩手向左右一字立掌分開，右腳向前上半步，重心前移，兩腿挺直，左腳尖勾起向頭右側猛踢。兩腿交替練習。（圖3-45、圖3-46）

側踢腿：兩腿併步直立，兩臂側平舉立掌，左腳向前上半步，腳尖外撇，身體略向左轉，右臂向前、向下、向上畫弧，右手停至胸前，左手上舉屈肘變拳，架於頭上；同時，右腿伸直，腳尖勾起向頭右側猛踢。練習時要直腰，側身，收腹，開髖。兩腿交替練習。（圖3-47、圖3-48）

圖 3-45   圖 3-46

圖 3-47   圖 3-48

　　外擺腿：兩腿併步直立，左腳向前方上半步，挺胸、塌腰、兩腿挺直；右腳尖勾起向左前上方猛踢，隨即經面部向右側上方擺動，直腿落於左腳內側。外擺幅度要大。兩腿交替練習。（圖 3-49、圖 3-50）

圖 3-49　　　　　　　　　圖 3-50

裡合腿：兩腳併步直立，兩臂側平舉立掌，右腳向前上半步，兩腿挺直，左腳尖勾起裡扣，向左前上方踢起，經面部向右上方直腿擺動，落於右腳內側。兩腿交替練習。（圖 3-51、圖 3-52）

圖 3-51　　　　　　　　　圖 3-52

四、彈　腿

兩腳併步直立，兩臂屈肘握拳於兩腰側，拳心朝上；右腿屈膝在身前提起，腳面繃平，以腳尖為力點向前彈踢；左腿微屈支撐。踢左腳為「左彈腿」，踢右腳為「右彈腿」。兩腿交替練習。（圖 3-53、圖 3-54）

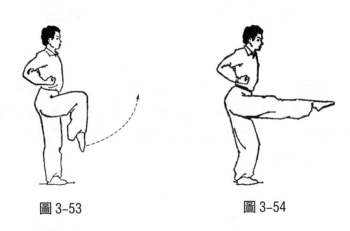

圖 3-53　　　　　　　　　　圖 3-54

五、跺子腿

兩腿屈膝全蹲成歇步，一腿上提，腳尖勾起裡扣，向前或向側方蹬出，力達腳掌的外緣。蹬左腳為「左跺子腿」，蹬右腳為「右跺子腿」。兩腿交替練習。（圖 3-55、圖 3-56）

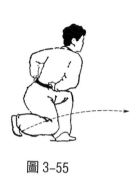

圖 3-55　　　　　　　　　圖 3-56

六、踹腿

一腿微屈膝支撐，另一腿屈膝抬起，腳尖勾起外撇，以腳跟為力點向前下方踹出。踹左腳為「左踹」，踹右腳為「右踹」。兩腳交替練習。（圖 3-57、圖 3-58）

圖 3-57　　　　　　　　　圖 3-58

七、撩陰腿

一腿直立支撐，另一腳以腳跟或腳掌為力點向後上方撩踢。踢左腳為「左撩陰腿」，踢右腳為「右撩陰腿」。兩腿交替練習。（圖 3-59、圖 3-60）

圖 3-59　　　　　　　　圖 3-60

第六節　腰　功

一、俯　腰

兩腳開立，與肩同寬，上身向前下俯腰，兩手抱住兩腳跟部。挺胸、直腰，使胸部逐漸貼近腿部。（圖 3-61）

圖 3-61

二、下　腰

　　兩腳開立，與肩同寬，兩臂伸直隨身體後屈，兩手在腳後著地，手指向腳，支撐成橋形，故也叫做「下橋」。（圖 3-62、圖 3-63）

圖 3-62

圖 3-63

三、涮　腰

　　兩腳開立，略寬於肩，兩臂自然下垂。以髖關節為軸，兩臂隨之向前、向下伸直，隨即向右、向後、向左翻轉繞

環。練習時向左翻轉和向右翻轉交替進行。（圖 3-64、圖 3-65）

圖 3-64　　　　　　　　　　圖 3-65

第七節　腕　功

一、一手握住另一手的掌指，向其掌背用力

推壓，使手指背逐漸接近手腕。兩手交替練習。（圖 3-66）

二、一手握住另一手的掌背，向其掌心用力

推壓，使指尖逐漸接近於手腕。兩手交替練習。（圖 3-67）

圖 3-66　　　　　　　　　　圖 3-67

第八節　鷹　爪　功

鷹爪功即鷹爪力功法，也稱鷹爪力。它是鷹爪翻子拳中比較重要的基本功法，只有練好此功，才能顯示出鷹爪翻子拳的威力。其練法如下。

一、扔接沙袋

首先準備與自己力量相符的長方形沙袋一個。內裝土或鐵砂均可。

兩腳開立，與肩同寬，兩腿自然彎曲，右手抓住沙袋向空中扔起，眼看沙袋，當沙袋向下降落時，用左手接抓，再扔向空中，沙袋下落時，右手再抓。如此反覆交替練習。根據自己的力量，逐漸增加所扔接的次數和沙袋的重量。（圖3-68～圖3-71）

圖 3-68

圖 3-69

圖 3-70

圖 3-71

二、指握拘子

指握拘子是此拳種擒手的基本功之一。擒手的運用，是
揸力，發力於五指的第二節，故練習擒手，需練習五指第二
節的力量。其方法是用一種有韌力而有彈性的樹叉一枝，或
「握力器」，以手指握之，一握一放，兩手交替反覆練習。
也可兩手同時各握一個同時練習，久則力增。（圖 3-72）

三、抓壇口

抓壇口是練習拿手的基本功之一。拿之力，即抓力，是
五指第一節的力量。

用一個圓口壇子，內裝沙土，臂伸直，以五指抓住壇口
提起。兩手交替反覆練習，久之指力、臂力逐漸增加。壇內
沙土和練習次數隨力而逐漸增加。（圖 3-73）

圖 3-72

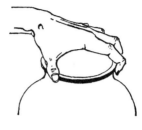

圖 3-73

四、抓　空

抓空這種方法雖然簡單，但長力十分快，也是不可不練的一種方法。其方法是，在睡前無論何種姿勢，躺在床上也可，平心靜氣，使手掌張開，然後，五指按鷹爪的手法緩慢抓緊，七七四十九次後換另一隻手，這樣交替進行，每隻手只須兩次即可。睡醒後再按睡前方法進行一遍。結合以上幾種練習方法，千日即為一小成，兩千日即為中成，三千日即為一大成，所以此種練法也稱「千日把」。

五、懸身抓椽子頭

椽子頭，是房屋前出沿的木頭。練法是懸著身體用兩手的五指抓住椽子頭。到功練好以後，再兩手交替左右抓行，練到此等功夫，那就大有可為了，只要是再抓人體，無不所向披靡。

總之，練習鷹爪功的方法有很多種，比如還有抓推鉛球，其方法用田徑比賽用的鉛球（當然根據自己的力量而定鉛球的重量，一般女性練習時先用重量輕一點的為宜），紮馬式站立，兩手各握抓一鉛球向前方推出，時間長了，指

力、臂力會增長得很快。

第九節　秘傳大五功

大五功是少林秘傳，也是鷹爪翻子門之秘傳。它和易筋經、八段錦同樣流傳至今。易筋經和八段錦已經公諸於世，唯獨大五功還未曾公開，可見其價值。

此功法是內功，也是強實五臟之功，只要堅持經常練習，方法得當，既可以強壯身體，堅實五臟六腑，還可以使肢體的力量增長神速，當然爪力更是隨之而增。

起　勢

1. 兩腳併步直立，兩手自然下垂，分別置於左右腿側，掌心向內，眼睛正視前方；氣沉丹田，舌頂上腭，叩齒，產生津液即下嚥，做 3 次深呼吸。（圖 3-74）

2. 兩腳自然開立，與肩同寬。然後兩手從兩側緩緩上舉，掌心朝前；目視前方。（圖 3-75）

3. 接上動。兩掌向上、向下相交，掌心向下；目視前上方。（圖 3-76）

4. 接上動。雙掌繼續下按至胸上方，雙掌掌心向

圖 3-74

下；目視前方。（圖 3-77）

　　5. 接上動。雙掌內旋，使兩掌心向上舉托而起；目視上方。（圖 3-78）

圖 3-75

圖 3-76

圖 3-77

圖 3-78

6. 兩腿屈膝半蹲，成馬步；兩掌分別向兩側下落至兩腰側，兩臂外旋抱拳於左右腰側，拳心向上；目視前方。（圖 3-79）

圖 3-79

第一式　神農拉犁

1. 右腳跟向右後蹬出，左腿屈膝半蹲，右腿挺膝蹬直成左弓步；同時，右拳向下、向後反背上舉與肩平，拳眼朝下；左拳內旋向前上方伸出，拳心朝上；目視左拳。（圖 3-80）

2. 右腳尖外撇，兩腿屈膝成馬步，身體右轉 90°成馬步雙抱拳；目視左前方。（圖 3-81）

3. 左腳跟向後蹬出，右腿屈膝半蹲，左腿挺膝蹬直成右弓步；身體右轉 90°，左拳向下、向後、向上舉至與肩平，拳眼向下；右拳內旋向前上方穿出，與鼻同高，拳心向上；

目視右拳。（圖 3-82）

　4. 復原。右腳尖稍內扣，身體左轉 90°，雙腿屈膝成馬步，雙拳收擺於腰間，拳心向上；目視前方。（圖 3-83）

圖 3-80

圖 3-81

圖 3-82

圖 3-83

要點

1. 動作運行要緩慢。

2. 動作定勢時，要氣沉丹田，隨心跳的速度默數四十九次。（四十九次為四十九宮）

3. 雙拳也要隨之鬆緊。

4. 呼吸要細、長、均、慢。

作用

此動作為站樁增力法，常練可使下盤生根，腰腿增力，雙臂擰耗，臂膀力增，掌指隨氣息而鬆緊，所以，更能增長爪力。

第二式　雙沖華山

1. 接上動。右腿向右後蹬出，身體左轉90°，左腿屈膝平蹲、右腿挺膝蹬直成左弓步；同時，雙拳向左前方沖出，左拳在上，拳心朝下，右拳在下，拳心朝上，使兩拳眼都向右方，拳心相對；目視前方。（圖3-84）

2. 復原。身體右轉90°，兩腿屈膝半蹲成馬步；同時，雙拳分別推於腰的左右兩側；目視前方。（圖3-85）

3. 兩腿以右腳跟和左腳掌

圖3-84

圖 3-85　　　　　　　　　　圖 3-86

為軸，身體右轉 90°，右腿屈膝半蹲，左腳挺膝蹬直成右弓步；同時，雙拳向右前方沖出，右拳在上，拳心朝下，左拳在下，拳心朝上；目視前方。（圖 3-86）

要點

1. 定勢之後，要隨著脈搏的跳動，默數七七四十九次。
2. 呼吸也要深、緩、慢、均。

作用

換勢後增加了胸大肌的鍛鍊強度。

第三式　霸王舉鼎

1. 接上式。左腳回收至右腳內側，腳尖點地，成左丁步；身體左轉 90°；雙拳抱於右胸側，兩拳心相對；目視前方。（圖 3-87）

圖 3-87

圖 3-88

2. 接上動。左腳向左前方上步，左腳屈膝半蹲、右腿挺膝蹬直成左弓步；身體左轉 90°；雙拳從左右兩側向上舉過頭頂，兩拳心向前；目視前方。（圖 3-88）

3. 接上動。兩腳以左腳尖和右腳跟為軸，身體右轉 180°，兩腿屈膝半蹲成馬步；同時，雙臂屈肘，右拳收於面前，拳心向面，左拳收於右肘下，拳心向下；目視右前方。（圖 3-89）

4. 接上動。右腿屈膝半蹲，左腿挺膝蹬直成右弓步，雙拳從左右兩側向上舉，直臂過項，兩拳心向前；目視前方。（圖 3-90）

要點

霸王舉鼎分左右兩勢，掌握要點是相同的，定勢後要默數四十九次，兩拳也要隨數字的速度有序進行鬆緊。

圖 3-89　　　　　　　圖 3-90

作用

此式可增長渾身上下之力。

第四式　孔明觀星

1. 接上式。右腳尖內扣，身體左轉 90°，兩腿屈膝成馬步；同時，雙拳變掌由上向下按至胸前，掌心向下；目視前方。（圖 3-91）

2. 接上式。兩腿挺膝蹬直，身體向上、向後仰伏，兩掌內旋翻掌向後上方推掌，掌心向後上方；目視後上方。（圖 3-92）

要點

1. 孔明觀星在上勢的基礎上，增加了難度，雙掌上翻時要盡力向上、向後翻轉。

圖 3-91　　　　　　　　圖 3-92

2. 雙掌上舉定勢後要配合呼吸而行，默數四七二十八次（此為二十八宿），十個手指也要隨呼吸進行張合。

作用

1. 因人有任脈和督脈二主脈，此二脈能主宰全身血脈之通暢，做此動作，可以使任督二脈得到充分的鍛鍊。

2. 十指的張合、鬆緊，更能增強腕力和指力；同時，對腰部的鍛鍊增加，能使腰腹的肌肉得到良好的改善。

第五式　道濟攀靴

接上動。步型不變，上體向上、向前、向下屈體，兩臂向下伸直，隨兩腳站定，兩手按到兩腳之間，掌指相對，掌心向下，使掌指隨數數上翹。然後，使頭向前上方抬起，目視前方。（圖 3-93）

圖 3-93

圖 3-94

要點

1. 上體前俯時要緩慢。

2. 雙手隨呼吸使手指上翹。

3. 默數七七四十九次為宜。

4. 頭向上抬起時要緩慢，並盡量上抬。

作用

1. 此式首先鍛鍊腰腎，俗話說：兩手攀足固腎腰。

2. 手指的內視上翹能鍛鍊掌腕力量。

3. 頭向上抬，能夠改善頸項的功能。

收　勢

1. 接上式。步型不動，身體上起，雙掌向左右兩側分開上舉，掌心朝上；目視前方。（圖 3-94）

2. 接上動。兩掌向前、向上、向下按掌於胸前，掌心向

下；雙腿微屈成馬步；目視前方。（圖 3-95）

3. 步型不變；雙掌向左右分開，掌心朝前上方；目視前方。（圖 3-96）

4. 接上動。左腳向右併攏站立；同時，兩掌附於左右兩腿側；目視前方（圖 3-97）

圖 3-95

圖 3-96

圖 3-97

第4章

鷹爪門擒拿術實戰應用法

第一節　腕部擒拿法

　　腕關節是由近側列三個腕骨（舟骨、月骨、三角骨）的遠側面和遠側列四個腕骨（大多角骨、小多角骨、頭狀骨和鉤骨）的近側面相結合構成。

　　遠側列四個腕骨和上列的三個腕骨可看成是一個骨，因為它們在機能上成為一體，但骨間韌帶並沒有完全地充滿骨間隙，關節面的形狀在額狀面上是不規則的，可看成是三個橢圓連結而成。此關節可繞額狀軸屈、伸，繞矢狀軸外展、內收，所以，它的運動幅度補充了繞腕關節的活動度數。綜上所述，鷹爪門擒拿術就是根據腕關節的構造，施之巧勁破壞對方腕關節的構造的運動幅度，其名曰錯骨、分筋法。

　　在兩相對壘時，首先，是手法當先。進步伸手，見招是第一要義，所以，腕部確又是第一道防線。防衛制敵，手腕在前，近則易拿，順則便取，而在擒拿術中，手臂是首當其衝的第一目標，只要腕部受制，對方整個身體就會失去反抗能力，當然，這也說明腕部在擒拿術中是非常重要的。其實，腕部擒拿也是最基礎的功法，這也是要先從腕部說起的原因所在，且作為鷹爪門擒拿術入門之先導吧。

　　本節共選腕部擒拿術二十二式，即：雙手擒拿法、陰陽手擒拿法、金絲纏腕、雙金絲纏腕、扭腕、械手法、截掌勾

腕、大金絲、天王托塔、金龍合口、搓背反掌、金鷹抖翅、
轉身截腕、跪地求情、抱頭頂掌、側身壓肘、雙手抱拿、屈
身折腕、跟我來、提腕、捋腕、背腕，詳述如後。

一、雙手擒拿法

用法簡介

兩腳弓步或馬步站立；右手向對方擊來的右腕脈穴做甩
腕按刁，爪心向下，爪口朝前；上動未停，再用左手扣刁其
肘部的曲池穴，使兩爪口相對，即可使對方失去反抗能力；
目視對方。（圖4-1、圖4-1附圖）

 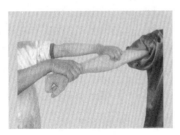

圖4-1　　　　　　　　　圖4-1附圖

二、陰陽手擒拿法

用法簡介

兩腳成弓步或馬步站立；右手向對方攻來的右腕脈穴做
甩腕按刁，爪心朝下，爪口向前，隨之左手向對方擊來的肘
關節下再做抄刁，爪口向前，爪心朝上；目視對方。（圖
4-2、圖4-2附圖）

圖 4-2

圖 4-2 附圖

要點說明

以上雖然是兩式，但此兩式大體用法相同，所以，一併做要點說明。

（一）此兩式的第一動都是做甩腕按刁，相同的要點是上下肢的動作要協調一致，取穴位要準確無誤，其取穴法應先抓控對方腕脈穴，此穴位是肢體之要穴，屬暈穴，被擒則暈；再以另一手用陰手的四指巧取對方曲池穴，此穴在二十四拿穴中，也為暈穴之一。對方此兩穴被擒，必定受制。

（二）一擒一拿要配合協調，當擒拿得手，即而有一個雙手向回用陰柔寸勁抓帶的動作，使對手驚而被制。如對方換手擊來，我則換手施之，唯左右相反。

三、金絲纏腕

用法簡介

（一）甲方進右步，兩腳前後站立，右腳在前，左腳

 本章圖片中人物以穿淺色服裝者為甲，穿深色服裝者為乙。

在後，右手變拳向乙的面部打擊；目視對方面部。乙退右步，同時用右手抓住甲擊來的右腕；目視甲拳。（圖4-3）

（二）接上勢。甲上左手掌抓壓在乙抓甲的右腕上，掌心朝下，爪口向右；目視前手。（圖4-4）

（三）上動不停。甲雙手向左、向上、向右前方弧形按

圖4-3

圖4-4

圖 4-5

壓，使乙方失去反抗能力而被擒。（圖 4-5）

要點說明

（一）金絲纏腕，還叫「小金絲」，是習武者最多用、最實用、最愛用的一把腕部擒拿術，此用法是克制我右腕被對方拿住之術，如用得好的話，立竿見影，速見成效。本招法看似簡單，實際要領比較複雜，運用時，是否得心應手，全在於基本功是否紮實和掌握要領的巧妙程度。

（二）金絲纏腕，顧名思義，就是用在「纏」上，老師曾秘傳這麼兩句話，用於這把「金絲纏腕」上：「金絲纏腕用得巧，提拿纏捲奔前胸。」再者講，金絲者，細柔而堅韌，本式法就是以陰柔的纏繞手法和堅細的內勁，切捩在對方腕關節的七塊腕骨上，使對方疼痛難忍，失去反抗能力，而達到制服對手的目的。還有就是這個「巧」字，有了「提」「拿」「纏」「捲」之方法，還要有奔前胸的「方

向」。所以，這一勢「金絲纏腕」既有運勁方法，又有運行方向，缺一不可，妙哉。

（三）當右腕被乙方右手抓住，我則用左手按握住乙手背，即所謂「接手使招」。「金絲纏腕」使得好壞，全在於這一握按上，只要不使對方的手逃脫，就可進行下面的動作。如果按握乙手背不緊，被乙手逃脫，那就無下招可談了。甚至，被對方脫掉而進行反擊，那就應換別勢了。

（四）此招法的活用，關鍵在於控制對方右腕的能力。首先，進退的步法要隨對方的右手臂進退而定，在於重心的牽動，引化來勢，巧妙纏腕。其纏腕動作，是一個向下、向左、向上、向右、再向下的螺旋形的圓圈動作；並且，當右手環繞的同時，左手要密切、巧妙地配合握牢乙的手背相隨而動。右手以旋滾勁鑽滾向乙的前胸，只有這樣，纏腕的效果才能像金絲切入腕骨一般。整個纏腕動作，兩肘都要屈肘下垂，不可向兩邊抬起，肘抬起，手則鬆，手鬆就破壞了擒拿的整個動作。

（五）「金絲纏腕」的步法更要靈活多變，借勢順勢，以一變應多變。因為被拿者也不是等閑之輩，甘心任人擺布，他也會用巧勢破勢，一般有五種方法進行破解，就是「捯」「吊」「推」「拉」「背」。

例如，當甲的左手壓按住乙的右腕時，乙覺得不妙，就可以迅速進右步屈肘下「捯」，或進步前「推」。這時，甲方應馬上就勢撤步，順來勢復捲切乙之右腕，使其受制。再如，乙發現自己的右腕被控，馬上屈腕上「吊」，我則應隨勢用左肘上抬壓下乙之右肘，順勢用掌切其右腕，使對方失去重心而受制。再如，乙發現自己的右腕被制，急忙退步回

「拉」右手，這時，我則應順勁前跟左腳，再順勢用鑽、纏、切之陰勁切向乙方腕部，使之受制。再者，當乙發現自己右腕被制，馬上身體左轉，使右腕「背」在後背，以破拿勁，這時，我則順其轉身，雙腳跟在乙身體之右後向下、向裡、向上捲抬其腕關節，使其重新受制。

（六）所有擒拿術中最重要的一條法則，就是「順勢借力」。「金絲纏腕」的巧妙運用則更是如此。上文說到，當右腕被對方握住之後，要根據不同的情況而定，為了化解對方之勁，敵進，我則順應退步牽帶之理；敵退，我則順勢跟進重切；對方抓腕不壓，我則順壓勢畫圈纏腕克之；對方力大，抓腕而撐住不動，我則退拉，順勢疾速纏切以克之。

總之，一個「金絲纏腕」就有多種不同的運用方法，歸根到底，就是一個順勁順勢之法則，即曉之以理，順之以情，才能得心應手，事半功倍。當然，其他式擒拿術，也都含有金絲纏腕之道理。

四、雙金絲纏腕

用法簡介

（一）甲兩腳開立，右腳在前，左腳在後；左掌立於胸前，右手變拳前沖；目視右拳。乙見甲用右拳攻來，迅速上右步；同時，出右手抓住甲攻來的右腕；目視右手。（圖4-6）

（二）接上動。甲迅速上左步於乙的右腿後面；同時，甲左手經過乙的右臂下穿至乙的手背上；目視上方。（圖4-7）

圖 4-6

圖 4-7

圖 4-8

（三）上動不停。甲右拳變掌向外下方切按，使乙降服跪地。（圖 4-8）

要點說明

（一）雙金絲纏腕也叫「控臂切腕」，是把對方的右臂先控制住，對方如有反抗的舉動，就用我之肩頂其肘關節的下部。這是肘關節之拿法，但是兩手要同時下壓。

（二）如上式順利，那就順勢使身體稍微左轉，用右掌下切成切掌纏腕之動作。因有兩個用法連成一動，所以，也叫雙金絲纏腕。

（三）此動要求身、步協調，手臂的動作十分重要，只要身、步、手達到巧妙運行，其殺傷力是非常大的。

（四）此動的最大優點，一是不論對方多大力量，只要巧妙運行，就能四兩撥千斤；二是只要兩手連貫行使，對方就沒有還手的機會，就會被降服跪地。

（五）此式如果我右手用金絲纏腕欲拿對方，對方手疾眼快地用左手掌插向我之右腕，進行按壓，即成了雙方皆用兩手交搭，所以為「雙金絲纏腕」。

五、扭腕

用法簡介

（一）甲兩腳前後站立，左腳在前；右手半握拳附於胸前，左手抓握住乙擊來的右掌；目視左手。（圖 4-9）

（二）甲身體重心後移，身體微向左轉；同時，右手變爪抓住乙之肘關節，爪口朝前，爪心向左前方，並使陰柔勁

圖 4-9

圖 4-10

抓捏乙肘部的麻穴（即曲池穴），目視乙方，使乙失去控制
能力。（圖 4-10）

要點說明

（一）扭腕者，將對方之手腕扭之控制也。當我和對方

面對站立，對方用右掌向我面部扇來，我即用最迅速之手法接抓對方之手。握抓之後，用拇指摳頂對方之手背，同時用餘下的四指向下摟勾對方腕部的腕脈穴，使對方受制。

（二）在對方受制於我的同時，再順勢將對方的右掌向外扭轉，然後用右手順勢將其帶倒。

（三）此式之要點，就是順勢就勢和抓拿三個穴位位置的準確。一是腕的腕脈穴，二是掌背的掌背穴，三是肘部的曲池穴。曲池穴是上臂骨與前臂骨接合之骨縫，其穴屬於暈穴，一旦被拿，整條手臂就完全失去作用。這兩個動作第一動為擒法，第二動則為拿法。

六、械手法

用法簡介

（一）甲出其不意地進步，左腳在前，右腳在後；抓住乙進攻的右手的腕部；目視乙方。乙兩腳自然開立，右腳在前，左腳在後；左手自然下垂；目視被甲抓住的右腕。（圖4-11）

（二）甲上右腳至乙的右腳後面；同時用左爪抓住乙的右腕向左上後方牽引，

圖 4-11

右手沿乙的右肘下側至腕部撥切；目視乙面。（圖 4-12、圖 4-12 附圖）

要點說明

所謂「械手」，就是比喻對方才拿利器，那就得出其不

圖 4-12

圖 4-12 附圖

意地把對方拿利器之手控制住。

（一）必須牢固地控制對方拿利刃之手臂，不能心慈手軟，要牢抓腕脈穴位。

（二）用右臂先吃住對方後，再巧妙地從乙肘下穿至乙的手腕處，只要這兩手順利，即大功告成。

（三）此手法是螺旋槓桿力的使用方法，右手的撥切要與左手控制對方右臂的角度合適，協調一致。此手法既好使，殺傷力也強。

七、截掌勾腕

用法簡介

（一）甲進左步前後站立，左腳在前；右拳抱於右腰側，左拳立拳沖向乙的面部；目視乙方。乙兩腳前後站立，右腳在前；右手抓住甲沖來左拳的腕部，左拳自然下垂。（圖4–13）

圖 4-13

（二）甲上動不停。用右手扣住乙抓住腕部的右手背；同時，左手變爪向上、向右、向下弧形勾按；目視乙方。（圖4-14）

圖4-14

要點說明

（一）「截掌勾腕」這一方法，是克對方用右手按抓住我左腕，或者用左手抓住我右腕的方法。此法動作比較簡單，但是它的克制力強，其使用也得勢順手。

（二）我以右手扣按對方之右手，目的是更好地控制對方之右手，並且巧妙地、密切地配合左手的勾腕動作，反制對方抓握的右腕。所以，要求按掌的手法要準確，用勁適當，左右手的配合要協調一致，並使兩手對對方的右腕形成夾擊之勢。

（三）用被抓之左手變勾掌勾切對方之右腕，右手要將對方右掌食指的側掌骨按緊，並且要用暗勁向前推搓，使其右腕背轉反折（更便於勾切），右手向前推掌，左手向後勾

其腕，前後交錯用力，便使力量集中在搓腕上。

（四）如對方握力很強，就會造成勾切的困難，那麼如何克服呢？關鍵是在用右手按抓對方右掌背的同時，左手要乘對方緊抓不捨之機，使左掌指擰腕前鑽，這一擰一鑽，就會使對方之握緊的手鬆動。因為擰腕動作包含著兩種運動力，一是槓桿力，二是螺旋力，這兩種力一結合，即可將對方食指和拇指之間「虎口」之處撬裂開，這種方法，叫擰腕鑽裏法。大家都知道，乙的抓腕勁，是一種直勁，而擰腕鑽裏勁是螺旋勁，所以擰腕螺旋勁直破虎口處的直勁是非常容易的，這也是腕部擒拿術大多採用這種擰腕螺旋勁之原因所在。

八、大金絲

用法簡介

（一）甲進步，用左拳向乙砸去，左腳在前，右拳屈抱於腰右側，拳心向內；目視乙方。乙上右步，右手按抓住甲擊來的右拳；目視甲拳。（圖4-15）

圖 4-15

（二）甲右拳變掌，向乙的右掌背用力扣按；同時，左腳向前進半步，左臂屈肘向乙之右肘下壓，使乙腕肘關節反折而失去反抗能力。（圖4-16）

圖4-16

要點說明

（一）大金絲，又名「屈肘壓腕」，是專門克制對方用右手倒抓我左手，或者用左手抓我右腕的一種方法。用大金絲反制對方實際是用右手控制對方的右手之後，再屈肘反壓對方肘部而達到使之降服的目的。

（二）要想控制住對方右手倒抓的右手掌，就得牢牢控制住對方之右臂，然而我右手的抓按分兩個階段，前階段是抓按，後階段實際加上抱的動作了。只有前兩個階段做好，第三階段才能順利實現下壓肘的動作，古人常說「抓掌、抱腕、下壓肘，就是神仙也難走」，但此連續三動，要協調一致，巧妙運用。

九、天王托塔

用法簡介

（一）甲乙雙方接手見招相持，二者互相舉掌相握，均目視對方。（圖 4-17）

（二）乙方用力向內搬腕下按，拳心向下，目視雙拳；同時，左掌變拳置於胸的前下方，拳心向下。（圖 4-18）

圖 4-17

圖 4-18

（三）甲趁勢前邁左腳，身體右轉 90°；同時，左手從乙的右臂肘下前繞，壓按住乙的掌腕；目視乙的行動。（圖4-19）

（四）緊接上動。甲左腳向左橫開半步，上體隨之左轉，使重心左移；與此同時，左右兩手向左上方旋舉、托推，左手要反勾住乙方之右掌根部，向左上方牽帶，重挫其右腕關節，迫使乙懸臂聳肩，彎腰踮腳，俯首就擒；目視乙方。（圖4-20）

要點說明

（一）「天王托塔」式，是一種巧妙的腕部擒拿法，是裹臂旋掌挫腕法，使用時既可用在自己的手掌被對方抓住時，又能主動拿對方手掌克制對方。本式法重在裹纏勁和輪軸旋轉的巧妙運用，不僅能使對方疼痛強烈，而且順動得手，實屬鷹爪門擒拿術中的精彩招式。

圖4-19

圖 4-20

（二）「天王托塔」的運用，關鍵是抓住對手，首先把對手向下牽引，才能使纏裹前臂的式法得手，所以，左手控制對方右臂的時間、方法更要巧妙，必須跟右手協調進行。

（三）右掌下引成功之後，左手纏繞對方右前臂非常關鍵，纏繞動作在對方的下端，但要嚴防對方用肘襲來，對自己造成傷害。所以說：「纏繞無根，手法無效。」這也是此式法的關鍵一招。

（四）「天王托塔」，巧在「托」字上，「天王」和「塔」都是名詞，而這一「托」字則巧妙無窮，並非單純的一托而已。其內在要領細微複雜，希望學者認真細心地去揣摩。總之，此式從出手見招開始，到旋托外牽整個動作，包括手法、退步、擰腰轉體等等，都要配合協調，一氣呵成，達到集全身之力克對方一腕的目的。

十、金龍合口

用法簡介

（一）甲進右步；同時，右拳向乙胸部沖去，目視乙方。乙兩腳開立，右腳在前，用左掌向下壓住甲沖來的右拳，並用右手前抓甲的胸部；目視甲方。（圖4-21）

（二）甲見乙的右手伸來，急速甩掉乙向下抓壓的左掌，目視乙方；乙左手又向甲的頸部抓去。（圖4-22）

（三）甲右腳向左前方進步，左腳在前，右腳在後，身體向右擺轉，脫掉乙前抓的左手；同時，右手變爪，緊緊抓按住乙的右手背；目視乙方。（圖4-23）

（四）緊接上動。甲的左手迅速抓住乙的右前臂，右手扣住乙右手背外側緣；同時，身體向右含胸扭轉，右手和左手同時向左方擰壓，使乙伏地被擒；目視乙方。（圖4-24）

圖4-21

圖 4-22

圖 4-23

圖 4-24

要點說明

（一）「金龍合口」是一個比較典型而又實用的腕部擒拿術。其動作由單手過渡到雙手，是一擒一拿之法，且兩個爪口抓捏相似，所以名曰「金龍合口」。這種擒拿術手法看上去似乎比較簡單，但它的克敵威力是十分強的，使用的範圍也比較廣。如凡是從正面來的直臂扣拳、扣拳完全可以使用此法。對方抓胸、抓肩、掐喉、拍面、抓髮，都可以用此法克制之。

（二）本式法的口訣是：「一擒二拿三撐壓，斷送對手回老家。」但一定要抓、擒準確，撐壓及時，右手必須牢牢扣住對方右手小指外側緣，拇指牢扣住其食指內緣，雙手撐壓對方的右臂要和向右撐腰動作協調一致，否則就會減小撐腕的幅度，減弱制敵效果。

（三）本式擒拿得手之後，還必須用我左腳近逼對方的右腿，扣住對方在前的右腳跟，這也是此式完美之關鍵。控制其下部，不僅僅是克腿防變的原因，而且裡面還藏有摔法。再者，對方的前腳若走失，制腕也會落空。

（四）只要擒拿得手，左肩下沉並且撐腰壓肘，腕、肘、腰配合協調，就會使對方右腕肘劇痛欲裂，失去反抗能力。

十一、搓背反掌

用法簡介

（一）甲乙面對而立。乙進右步，並用右手抓住甲的胸

部，臂外旋，拳心向上；目視甲方。甲方觀察乙方的動作，準備進招。（圖4-25）

（二）接上動。甲針對乙抓胸之勢，上左手扣住乙的手背，掌心向下；目視乙方。（圖4-26）

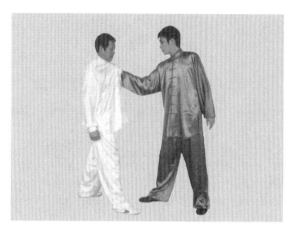

圖 4-25

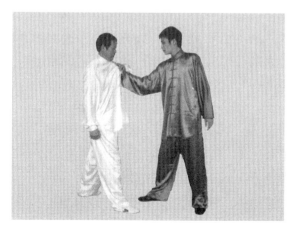

圖 4-26

（三）承上式。甲再上右手抓扣乙的腕脈穴，掌心向下；目視乙方。（圖4-27）

（四）承上式。甲用兩手同時抓住乙的右腕向左上方旋推擰扣，雙手掌心向下；目視乙方。（圖4-28）

圖 4-27

圖 4-28

（五）上動不停。甲右腳前進半步，吃住乙的右腿，身體左移，雙手繼續向左下方旋壓；目視乙方。（圖 4-29）

要點說明

（一）用此法克制對方抓胸頂扭動作，順勁得法，非常好使。這也是鷹爪門之錯骨功法。凡遇對手以仰掌卡喉、勾掌上沖時，皆可用此法克制。

（二）此法雖然用兩手共拿對方的左手，但關鍵是要到位，即左手拿住對方的右手拇指一側，而且要握住拇指，並使自己的左拇指頂住對方右手背中心處，才算得位。因為對方右手外旋，其力點在拇指一邊，搓掌背就是重搓其腕關節，主要靠這一動的精緻。

（三）此式法如狠一點，再繼而用右腳蹬踹對方右膝關節後側的尾中穴，那就更加能夠降服對方了。

圖 4-29

十二、金鷹抖翅（克前抓肩法）

用法簡介

（一）甲乙面對分腿站立。乙進右步，同時右掌前伸抓按甲的左肩；目視甲方。甲雙手抱拳，左拳在左胸前，右拳抱於右腰側，準備接手見招；目視乙方。（圖4-30）

（二）承上式。甲身體左轉，同時用右手拍握乙按在左肩處的右手，左拳向左側擺動；目視乙方。（圖4-31）

（三）接上式。甲左手向上擺動，右手緊緊按壓乙手緊壓不動，左拳的拳心向內；目視乙方。（圖4-32）

（四）緊接上式。右手繼續緊按乙的右掌背，身體向右轉；同時，用左肘關節向右、向下裹壓，以帶動左上臂向內捲裹，使之裹壓在乙方右臂尺骨側的上方，運用上體向下的沉勁，將乙方壓跪在地；目視乙方。（圖4-33）

圖4-30

圖 4-31

圖 4-32

圖 4-33

要點說明

（一）「金鷹抖翅」，是克前抓肩最有效的方法，用法簡單，克敵性強。

（二）金鷹抖翅的妙用，先是用右手橫按對方抓左肩的右手，但一定要按住手背，使小指側緣對其背腕關節，如果再用右手指摳進對手右手小指側手掌內，勢法更是得勁。右掌的按掌動作，要與右肩上頂裡裏壓緊密配合，不可高抬，高抬按掌則鬆，鬆則前功盡棄。

（三）運用左上臂裏壓對方抓肩的右手，是此式最關鍵的一動，並且要含胸轉肩，使左上臂得以向右前伸展，才能達到壓臂的作用。

（四）裏腕下壓動作，不只是一個簡單的下壓，此動作關鍵在於腰部和身法的協調運用，下壓動作在於左肘引動上臂，而左肘向裡、向下的一動，應該是一個螺旋形的，要有向下方伸壓之勢。與此同時，右背要配合上體含胸下沉之勢向右後順轉。右肩向後，可使右手按緊對方抓肩之右手後帶。左肩前伸，可使左臂壓腕之力增加，這是動用身法協調兩手前後相分之技法，這也是鷹爪門擒拿術中所講究的「分筋錯骨」之技法，只有這種技法，才能使對手接招即跪，俯首就擒。

十三、怪蟒翻身（克後抓肩用法）

用法簡介

（一）甲方正向前行走，乙方在甲身後突然進右步；右手向前抓住甲的右後肩處，左拳垂於身體左側；目視甲方。

（圖 4-34）

（二）甲方感到自己右肩被抓拍，迅速停步，身體向右後方轉動 90°；同時，左手由胸前伸向右肩，反抓乙方手背，手心向下，右拳準備上拳用招；目視乙方。（圖 4-35）

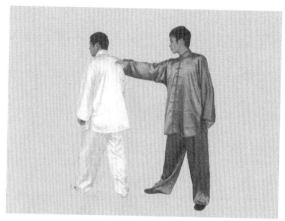

圖 4-34

圖 4-35

（三）承上式。甲方左手緊緊扣住乙右手不鬆手；同時右腳外擺，左腳尖裡扣，身體繼續向右轉翻，並且屈身下沉；隨著身體的翻轉，用右上臂截壓住乙方的右手腕尺關節處，右臂向上、向右下方旋形下壓，從而將乙方制伏；目視乙方。（圖4-36）

圖4-36

要點說明

（一）「怪蟒翻身」的用法，順手好使，充分顯示了鷹爪門擒拿術的法理妙用。這一名稱也形象地描述出其後發制人時回身用法之威力。

（二）左手取對方抓按我右肩之右手十分關鍵，如抓不得法，就無法向下進行，那就另當別論了。抓住手之後，要與右肩上頂配合協調，才能使對方右掌不易逃脫，這是巧用此手法之保證。

（三）甲向後翻身截腕動作，要與右臂上舉的動作相協調。臂舉得太高，易使對方脫手，臂低則翻壓不到位，將無濟於事。只有高低得當，才能收效最佳。此動作也可直臂翻身掄臂後劈，截腕威力會更大，但要求動作協調連貫，沒有半點間歇才能奏效。

十四、跪地求情（克前抓頭用法）

用法簡介

（一）甲乙相對站立。乙進右步；同時，右手抓住甲的頭髮；目視甲的頭部。（圖4-37）

（二）甲左腳向乙體側進一步，成左高弓步；同時，右手向乙的右掌背扣按，掌心向下，並用掌指扣入乙的小指側掌外緣，左拳抱在左腰側；目視乙方。（圖4-38）

（三）緊接上式。甲方右手扣按住乙右掌背，配合頭部上頂向右擺下引；同時，左手再抓住乙右腕向內擰扭，由對

圖4-37

圖 4-38

圖 4-39

乙右腕的撐壓,重搓其右腕關節,從而迫使乙方伏地就擒。
(圖 4-39)

要點說明

(一)「跪地求情」是鷹爪門擒拿術中比較好用的一式

擒拿手法，克正面抓髮之用，頗具效力，也是一種錯骨方法。即使對方力大腕粗，只要方法得當，也能有效克制對方。

（二）右手扣握對方抓在頭上的右掌是基礎，最好我之右拇指摳進對方右掌之虎口；食指、中指、無名指摳進對方右掌之小指側外緣內。

（三）我左手擰對方右腕是此招法奏效之關鍵，再加之頭部的巧妙配合，用此兩手加一頭，共克彼之一腕，即使對方強壯力大，也得應手而伏。

十五、抱頭頂掌（克後抓頭用法）

用法簡介

（一）甲正向前行走，乙進右步並用右掌抓按甲的頭後部，目視甲方。（圖 4-40）

圖 4-40

（二）承上動。甲方感覺到身後方有人偷襲其頭部，或被人從身後抓住頭髮，迅速用左手向上扣按對方抓按自己頭部的右掌，掌心向下。（圖4-41）

（三）緊接上式。甲向後撤一步，同時身體向右後轉360°，身體前俯；同時右手再按住左手，使兩手合抱住乙的右手，兩手結合頭部上頂，控制住乙方的手掌。（圖4-42）

圖4-41

圖4-42

　　（四）甲方上動不停。身體再向下、向右翻轉至身體正對乙方時，被控制在頭上的乙方的右掌已經處於反折狀態，隨之使身體上起，並配合頭頂上挺，增強對乙方右腕的反折強度，迫使其兩腳踮起，身體無跟，睜目就擒。（圖 4-43）

圖 4-43

要點說明

　　（一）此式法為「抱頭頂腕」，既形象又實用，是克制後抓髮的一種有效招法。其克制特點是控制住對方抓髮之手後，然後退步轉腰，使對方掌腕翻轉，繼之抬頭頂掌，再反折對方腕關節。

　　（二）克制身後進攻，要反應敏捷，動作果斷迅速，手法靈巧，步快腰活，敗中取勝，但要做到這一點是非常不容易的。

　　（三）此式從被抓髮到抓人掌到退步翻轉再至控腕向上頂挺是一個有序的過程，自始至終要協調連貫，只有不丟空

隙才能穩操勝券。總之，要想戰勝對手，就要有很好的基本功和特別過硬的實戰經驗。

十六、側身壓肘（克制正面抓胸法）

用法簡介

（一）甲乙面對而立。乙進右步，同時用右手抓住甲的胸部；目視甲方。（圖 4-44）

（二）承上式。甲用右手扣抓住乙方抓住胸部的右掌，最好大拇指摳進對方虎口，中指、無名指扣抓進乙方的小指外側緣，並使左肘側揚；目視乙方。（圖 4-45）

（三）緊接上式。甲左腳向前進步，身體右轉 90°，成馬步；同時，右手抓按住乙在胸前的右掌不放，並用左肘滾壓住乙方的左腕尺關節處，迫使乙方縮身伏地。（圖 4-46、圖 4-47）

圖 4-44

圖 4-45

圖 4-46

圖 4-47

要點說明

（一）「側身壓肘」是少林拳和鷹爪翻子拳中最常見的用法之一，其特點是精巧、克敵性能極強。

（二）右手取扣對方右掌是此手法圓滿完成的基礎，只要與胸配合巧妙，就不易使對方逃脫。

（三）進步側身，並巧運左肘滾壓對方之腕、臂關節。通過側身，對方左手的威力減多半，加之右手的抓扣動作，對方只得伏地就擒，這也是鷹爪門擒拿術錯骨之妙也。

十七、雙手抱拿（克小金絲用法）

用法簡介

（一）甲乙面對站立，均右腳在前，乙進右手抓住甲的右腕。（圖4-48）

圖4-48

（二）甲被對方抓住右腕後，馬上出左手抓住正抓在右腕上的手背，大拇指扣抓在對方的拇指上，結合右腕的上頂，不得使對方右腕抽脫；目視乙方反應。（圖4–49）

（三）承上式。甲左手抓住乙右手不放；同時，右手向乙方手腕內腕處的陽池穴做金絲手；目視乙方。（圖4–50）

圖4–49

圖4–50

（四）乙受拿之後，迅速前進一步，身體右轉180°；同時，左掌通過甲右前臂處按抓住甲的左腕關節，並用左臂略上抬頂甲的右前臂；目視甲方。（圖4–51、圖4–51附圖）

圖 4–51

圖 4–51 附圖

要點說明

（一）「雙手抱拿」主要是「金絲纏腕」的手法，也就是金絲纏腕的解脫法。

（二）此式是乙解脫克制甲的方法，在武林中也叫這個方法為「搜扛子」。

（三）此式關鍵在於乙用左手抓住甲腕後，就以左手為支點，下按甲的左手，同時用左肘臂向上頂抬甲的右臂，使之無力再用纏絲手。

十八、屈身折腕（克正面抓髮法）

用法簡介

（一）甲乙二人面對而立。乙進右步；同時，用右掌抓住甲的頭部下按；目視甲方。（圖 4-52）

圖 4-52

（二）甲發現如不快速出招就要吃虧了，迅速前進一步，右腳在前，同時出雙掌按壓住乙的右掌，頭也有意識地上頂，雙手和頭共同控制住乙的右掌，使其不能抽脫。（圖4-53）

（三）承上式。甲雙手和頭頂抱住乙按在頭上的右掌不放，突然使身體前屈，使乙的右腕形成反折之勢，迫使乙就擒。（圖4-54）

要點說明

（一）「屈身折腕」和「跪地求情」雖然都是以腕部和頭部施術，但它們的克制方法卻不相同，「跪地求情」是反折其腕，而「屈身折腕」卻是直折。

（二）俗話說得好：「牽一髮而動全身。」人對頭髮的保護，是非常重要的，難怪古代武士都用青巾包頭，加以保護。因為與人較力打架，被人抓頭最易受人牽制，所以頭部

圖 4-53

圖 4-54

非常重要。

（三）手腕關節、掌背上是橈骨腕骨上附之韌帶，在掌背斜走向，附著於半月狀骨與三角骨，所以，我之右掌大拇指扣進對方右掌之虎口，我左手緊握對方腕脈穴已是穩操勝券了，再加上屈身直折其腕關節，殺傷力更加厲害，乙方只得折服就擒。

十九、跟我來（抓歹徒用法）

用法簡介

（一）乙方向前行走，右腳在前，左腳在後，兩手下垂。甲突然進步到乙的左後方，右腳貼近乙方；同時，用右手抓住乙右手的四指，並使拇指扣進其虎口內；目視乙手。（圖 4-55）

（二）承上式。甲用左手捉拿乙肘部的曲池穴向下按

圖 4-55

扣；同時，右手抓住乙的左掌指向上舉搬；目視雙手。（圖
4-56）

（三）承上式。甲左手用力捏按乙肘部的曲池穴，再趁
機用右手用力向下反扳乙左手四指，使乙方左腕反折，乙疼
痛難忍。甲此時大喊一聲「跟我來」，乙則會身不由己，甲
行一步，乙則跟行一步，乙雖有右手，但此時也無濟於事
了。（圖 4-57）

要點說明

（一）「跟我來」，實際名稱是「拗腕」。因為常用此
手法擒捉歹人，並且非常好用。在擒歹人時喊聲「跟我
來」，而歹人就順從而來。所以，後人就把「拗腕」改名為
「跟我來」了。

（二）此式巧妙地運用了鷹爪門擒拿術「點穴」「分
筋」「錯骨」的手法，顯示出手法的精彩。第三動甲右手對

圖 4-56

圖 4-57

乙左手的向下扳拉，能夠分筋錯骨，而左手點抓乙肘部的曲池穴能夠使乙整條左臂麻痺。

（三）此式從擒手到點穴，又到右手的分筋錯骨，要一氣呵成，準確無誤，更要互相協調，一不注意，則對方滑脫，便會逃之夭夭了。

二十、提　腕

用法簡介

（一）甲乙面對而立，雙方均右腳在前，左腳在後。乙突然用右手抓住甲的右腕，甲乙對視。（圖4-58）

（二）承上式。甲被乙抓住右腕後，順勢反抓住乙右腕，同時迅速上提；目視乙方。（圖4-59）

（三）上動不停。上提後甲迅速上左掌抓按住乙的右手背，並且以金絲手纏裹乙的右腕，迫使乙就犯；目視乙方。（圖4-60）

要點說明

（一）「提腕」者，是將對方的手腕向高處提起之謂也，是反敗為勝法，由金絲手變化而施之。

圖4-58

（二）提腕的目的是為了反其腕。其用法是：兩人搭腕見招之後，先用提腕，使對方稍減其緊握之威，再順勢用力握點其腕脈穴。對方被點後，其臂麻痺，再迅速上手抓住對方手背施金絲手反制之。

圖 4-59

圖 4-60

二十一、捋腕

用法簡介

（一）甲乙面對面站立，均右腳在前。甲右拳立拳向乙胸部打去。乙用左手仰掌抓接住甲拳，掌心向上，虎口朝左；目視甲沖來的右拳。（圖4-61）

圖4-61

（二）接上式。甲右轉身體；同時，右拳變刁向外纏腕抓住乙的左手腕，掌心向下；左拳變掌，向乙肘部的曲池穴做抄刁，掌心向上；目視乙左臂。（圖4-62）

（三）接上式。甲左手用仰掌扣抓住右腕下的乙的手掌；同時，使上體向下、向後沉坐，雙腕同時用力向後下方抓捩；目視雙手。（圖4-63）

圖 4-62

圖 4-63

（四）捩腕的目的是進攻，以打擊對方。緊接上式。甲隨即前進半步，右腿屈膝半蹲、左腿挺膝蹬直成右弓步，身體稍微左轉；同時以右掌伸向乙的前肋或咽喉處以便施術打擊；目視乙方。（圖 4-64、圖 4-64 附圖）

圖 4-64

圖 4-64 附圖

要點說明

（一）我左手向回擒住對方右掌背是用的托式，托時拇指應該扣抓對方小指跟側的陽谷穴，其餘四指緊扣握虎口跟部的陽池穴。只要此兩穴位被探，對方抓我之手即鬆，我即

順利以右手取對方腕脈穴，腕脈取到，即穩操勝券了。

（二）對方腕脈被控，整條左臂會感到麻木，接著，我左手向回抓帶，再空出右手變掌直抽對方左肋第九和第十肋骨的章門穴位，輕則致殘，重則取命。因為此穴是肝臟之尖，特別重要，這也是鷹爪門的點穴閉氣之術。

二十二、背　　腕

用法簡介

（一）乙進右步屈膝半蹲，左腿挺膝蹬直，成右弓步；同時，右拳向甲面前沖擊，拳心向下，左拳抱於左腰側；目視甲方。甲見乙向自己沖拳而來，身體重心左移，成右虛步，右腳在前；同時，雙掌相對立於胸前，準備接招；目視乙方沖來的右拳。（圖 4-65）

（二）甲重心抬起；同時，用右手刁住乙方沖來右拳的

圖 4-65

右腕部，左掌附於左胸前，掌心向左；目視乙方。（圖
4-66）

（三）乙方見自己的右腕被對方抓住，馬上用金絲纏腕
手法克制甲方。甲見將要被對方拿制，重心下沉，準備破解

圖 4-66

圖 4-67

對方的金絲纏腕手法；目視乙方。（圖 4-67）

（四）接上式。甲身體迅速左轉 180°，右臂屈肘並內旋，迫使乙的重心向前移；目左視乙方。（圖 4-68、圖 4-68 附圖）

圖 4-68

圖 4-68 附圖

要點說明

（一）「背腕」，顧名思義，就是把手腕背在背後，以破對方之威脅。

（二）此法用在對方的金絲手還未派上用場時，我則先破之，使對方落空。此時如我用右手中指反按對方的腕脈穴，並使腕臂突然一提一沉，對方右臂麻痺，就會為我所牽制了。

（三）轉身要迅速，轉身是這一式的關鍵。身體轉過來以後，就已經佔了主動，對方的手腕反被我所制了，此時，我左手就可以空出來，隨意進攻對方。

第二節　掌指部擒拿法

人體之尊，四肢百骸。手之萬能，可謂靈巧。掌指之間，可分高低。一指萬變，能為玄機。三國孔明，千軍萬馬，定手掌指，可謂指掌自有雄兵百萬。掌指靈巧，關節、韌帶、纖維密布其上，若論拿制，關節之中，其弱莫過於此，一旦受挫，十指連心，指掌被制，全身失靈。所以，掌指關節是擒拿施制的重要部位，它分掌骨 5 塊，每一掌骨都分為體、上端和下端三部分；指骨 14 塊，除拇指分為基節和末節外，其餘四指各分為基節、中節和末節。每節指骨都是小型長骨，可分為體、上端和下端三部分。但是，手指小而靈巧，反應敏捷，速度輕快，最易滑脫，又是最難以制拿的部位，因而多為誘取，不可直攻。

　　本節特舉指部擒拿術六例、掌部擒拿術二例，即搓指、折指、分指、甩指、握手屈指、纏肘架指、扣錯掌骨、摔掌捆頸，分列於後。

一、搓　指

用法簡介

　　（一）甲乙面對而立。乙用右手向前抓住甲腹前腰帶或衣服；目視乙方。（圖4–69）

　　（二）接上式。甲用左手托抓住乙的右腕，掌心向上，虎口向前；目視乙方。（圖4–70）

　　（三）承上式。甲再用右手扣拿乙方的右手，拇指在上，其餘四指在下，雙手上提至胸前，拇指和其餘四指合力相向狠搓，迫使乙方鬆手就擒；目視乙方。（圖4–71、圖4–71附圖）

圖4–69

圖 4-70

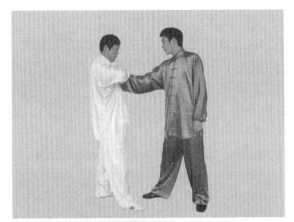

圖 4-71

圖 4-71 附圖

要點說明

（一）「搓指」實即錯指，是迫使指關節錯位而完成的解脫手法，要順其來勢施之，敗中取勝。

（二）此法關鍵是要迫使對方的指關節錯位而達到搓指目的。其用法，以左手從下兜上，要準確地拿住對方的腕脈穴，拇指按住陽池穴，四指按住陽谷穴。此兩穴皆為麻穴，一旦被按點，整個右臂酸麻，其手自然鬆開，其抓力的威脅立刻解除。

（三）第三動，即向對方反攻了。使中陽手法，用力狠搓對方的第一和第二指節，我之受制則完全解除。

二、折　指

用法簡介

（一）甲乙面對面而立，均右腳在前。乙右掌向甲胸、腹部推去，掌指朝上；目視甲方。（圖 4-72）

圖 4-72

圖 4-73

（二）承上式。甲立即取乙擊來的右掌，兩手拇指扳住乙掌指向前推搬，同時兩手其餘四指向內控制乙擊來的腕部，並有內壓動作，迫使乙腕形成反折之勢；目視乙腕。（圖4-73）

要點說明

「折指」一法，非常簡單明瞭，將擊來的掌指反折，但是必須用最迅速的速度取對方之指，只要取指到位，即可成功實施此法。此式為錯骨法，即使是身單力弱，只要此法精熟，也能出奇制勝。

三、分　指

用法簡介

（一）甲乙面對站立。乙向前進右步，同時用立掌向甲

胸部戳刺而來；目視甲方。（圖 4-74）

　　（二）承上式。快接近甲身體時，乙右臂內旋，使掌心朝下向甲插去；目視甲方。甲方待乙掌近前胸，以雙手前截乙的掌指；目視乙掌。（圖 4-75）。

圖 4-74

圖 4-75

（三）緊接上式。甲接抓住乙右掌指，左手抓住乙的小指和無名指，右手抓住其食指和中指向左右兩側分拽，致使乙掌部疼痛難忍；目視乙方。（圖4-76、圖4-76附圖）

要點說明

（一）「分指」者，將對方的一手之指分開也。此種手法，最適合對方以掌心擊我腹部，或者以掌向我胸部插來。

（二）各指連接處如被撕裂，自然疼痛難忍，如果力量

圖4-76

圖4-76附圖

稍大，骨節恐怕也被拗折，因此，對方自然喪失了攻擊能力，我則趁其痛而制之。

四、甩　指

用法簡介

（一）甲乙兩人面對站立。甲用雙拳沖向乙方，右腳在前。乙退左腳，右腿屈膝半蹲、左腿挺膝蹬直成右弓步，並用雙手抓住甲的雙腕；目視甲方。（圖 4-77）

（二）承上式。甲迅速將身體重心降低，右腿屈膝半蹲，左腿蹬力，成右高弓步；同時，雙臂同時對旋屈臂向上、向內力甩；目視雙拳。（圖 4-78）

圖 4-77

圖 4-78

要點說明

（一）「甩指」，即是甩掉敵人控制我方雙腕手指的用法。

（二）對方用力將我雙腕抓住不放，我方受制於敵，這時我用直勁直抽，是很難擺脫的。故而先將自己的兩拳用力握緊，手腕處則已含勁力，就不易被對方取穴施制。

（三）在對方加緊握力之時，我不用直力，而用橫力，以橫破直，甩指而出，即可將威脅解除。

五、握手屈指

用法簡介

（一）甲乙雙方面對而站，均以右腳在前，雙方互相握手見招，虎口相交，掌心相對；目互視右手。（圖 4-79）

圖 4-79

（二）甲右掌上移，使右掌四指向上翹起，以大拇指和食指巧捉乙掌的大拇指；目視右掌。（圖 4-80）

（三）緊接上式。甲右腳向前半步成右弓步；同時身體稍左移，以右手的大拇指和中指相捏緊向左前方旋扭乙的大

圖 4-80

拇指，使乙方拇指反折；目視右手。（圖4-81）

圖4-81

要點說明

（一）「握手屈指」是一種巧妙的拇指拿法，多乘握手的機會就勢取指，再用精巧的指骨錯骨法，拇指雖然短小，但十指連心，所以搓指威力巨大。

（二）本式的特點是迎勁取指，運用手法扭旋其拇指上節，而不是反扳拇指。

（三）本式取指是基礎，所以，取對方拇指時必須迎勁而取，坐腕翹掌，使虎口對著對方拇指的根節，運用自己的右拇指外側向下壓在對方的虎口裡，大拇指屈曲在中指下側，纏住對方的拇指部。但纏裹對方拇指時，中指要用力捏自己的大拇指，使對方拇指被裹捏在我方大拇指的裡面，才能裹緊對方的大拇指，錯骨才能成功。

（四）完成大拇指的旋扭搓指法，完全靠手腕的巧妙動作，要用法正確，那還得運用太極的沾連黏隨之勁，才能使對方劇痛欲裂，俯首就擒，這也是鷹爪門擒拿術的法理所在。

六、纏肘架指

用法簡介

（一）甲乙面對而立，均出右腳，以握手見招，兩人虎口交叉，掌心相對；雙方均目視右手。（圖4-82）

（二）甲方接手後，即乘勢進招，右手纏住乙方右手不放，左腳向乙方貼近一步，管住乙方的右腳後方；身體右轉90°，同時左臂通過乙方上臂下向裡纏肘；目視左手。（圖4-83）

（三）承上式。甲右手握住乙方的右手向下反折，並用左手抓乙方的手指；目視左手。（圖4-84）

圖 4-82

圖 4-83

圖 4-84

（四）緊接上式。甲左手抓扳住乙方的中指和無名指向下反扳，右手自然垂於身體右側；目視左指。（圖4-85）

圖 4-85

要點說明

（一）「纏肘架指」是鷹爪門最巧妙的指部擒拿術。該式法的關鍵在於取指，一旦取指到手，不僅能使對方無法反抗，而且還可以任意將其牽制行走，所以，最適合警察抓歹人使用。

（二）本式的特點是克敵效果異常強烈。完成此式的好壞，有兩個關鍵細節須注意：一是「纏肘」。上步穿手動作與進步要協調一致，上步一定要扣住對方的腳跟，以便控制其下盤，進手一定要從對方的臂下穿進，才能成為纏肘的招法。此招法貴在輕靈，不宜硬撞。輕靈則活，活則容易取勢；硬撞則笨僵，笨僵則難以得手。所以，拿掌、鎖腳、纏肘進身動作一定要協調一致，為架指打好基礎。

二是取指。進步纏肘成功已為取指打下了良好的基礎，取指一動實為複雜的一動，也是最關鍵的一動，需要左右手

的巧妙配合，才能得以成功。拿掌動作要順勢靈活，一繞而
就，決不能硬搬，如硬搬容易引起對方硬抗，硬抗就難以拿
指得手。左臂屈肘一勾，還要趁勢而動，正好接住對方的右
手，只是一抹就將對方之手指扒開，輕巧地取到對方的食
指、中指或無名指，這樣就大功告成矣。

（三）要想隨意將對方牽走，必須注意，只能朝右貼近
對手，不能向前走，向前走怕肘、指鬆動，而向右牽動則越
牽越緊，迫使對方只能相從，否則對方被架之指會疼得更加
劇烈。

七、扣錯掌胛

用法簡介

（一）甲乙面對站立，均右腳在前。乙抬左掌向甲頭下
劈，掌心朝右；目視甲方。甲抬左掌向上接抓住乙劈來的左
腕；目視乙方。（圖 4-86）

圖 4-86

（二）甲接住乙的左掌之後，向右下方推捩；同時，用右手扣抓對方的左掌，右大拇指扣推對方掌背，其餘四指緊抓在其大拇指內側的指根處；目視大拇指。（圖4-87）

圖 4-87

要點說明

（一）「扣錯掌骨」是鷹爪門擒拿術的錯骨法和點穴法的應用，錯的骨是手掌骨。

（二）該手法應用時，右手的拇指與食指、中指、無名指的指尖，反扣住對方左手拇指一側的手掌，使拇指尖頂扣對方左掌背第三與第四掌骨之間的縫隙「中渚穴」，其餘三指的指頭扣扳住對方掌心的「大魚際」內緣，只要用力施之，就可使對方骨裂穴疼，整條左臂麻木，只好束手就擒。

八、擰掌捆頸（克扣掌蓋打法）

用法簡介

（一）乙用右手向甲橫擊，掌心向前。甲右手摟抓住乙擊來的右掌並向前方擰扭；目視乙方。（圖4–88）

（二）上動不停。甲方反拿住乙的右腕向前下方推擰旋壓，迫使其身體下伏，接著再用左掌扣壓乙方的右肩關節；目視乙方。（圖4–89）

（三）乙方右臂被拿，右腳向左腳處進半步，腳尖內扣，左腳向後方開步，隨之身體向後翻轉360°，並用左拳向右後方直臂橫甩，擊打甲的頭部。甲方則以左掌前伸，虎口朝上，截托住乙甩來的左臂肘部；目視左手。（圖4–90）

圖 4–88

圖 4-89

圖 4-90

（四）接上動。甲方右手繼續抓扣住乙方右掌不放鬆，左手內旋，將對方左臂順帶到左下方後，左腳前進半步，右腳前跟半步；同時，用左手繞至乙的右肩後，通過拘頸之法將乙扳倒；目視乙方。（圖4-91）

圖 4-91

要點說明

（一）「擰掌擒敵」，實際上是螺旋擰掌制敵法。此法在變勢轉身的過程中，始終抓扣住對方的右手，使對方右臂處於被動的局勢。

（二）當對方右臂被控制後，唯一能變化的解脫方法就是翻背捶了。俗話說：「翻背捶打神難避。」哪知甲方更加厲害，甲用左掌接抓後，順勢進逼取喉反把乙別倒。可見甲之手法更精。精就精在甲方的拿掌用法。

（三）這種反手拿掌法，取掌不難，難的是當對方翻身反擊後所再進行的式法，必須上、中、下三路齊動。下路管住對方腿後，中路是右手抓扣掌不放，上路拘頸反折，造成乙上、中、下都處於被動局面，不得不仰身反折，更無回天之力，只有仰伏被擒。

第三節　肘部擒拿法

肘關節是由肱骨遠側端、尺骨和橈骨近側端構成，在結構上包括三個關節：

一是肱尺關節，即由肱骨滑車和尺骨滑車切跡構成的滑車關節，只有一個繞額狀軸做屈伸運動的運動軸。

二是肱橈關節，即由肱骨小頭和橈骨小頭凹構成的球窩關節，有三個運動軸。

三是橈尺關節（橈尺近側關節），是由橈骨的環關節面和尺骨的橈骨切跡構成的圓柱關節，只有一個運動軸，可繞垂直軸做旋內旋外運動。

上述三個關節，共同包在一個關節囊內。由於尺骨的存在，限制了肱橈關節在矢狀軸上的內收和外展運動，所以肘關節只有額狀軸和垂直軸兩個運動軸。

欲學習擒拿之道，則必須明瞭人體各關節的構造及關節的順逆運動角度和方向。上述明瞭以後，才能夠逆而施之。肘關節是技擊的第二道防線，攻擊能力很強。在擒拿術中，肘與手的協同，便可發揮裹纏肢節、蟞格關節的重要作用。因為肘關節本身活動度有限，也屬於易拿關節，肘部被拿則會殃及身軀，所以肘部拿法的特點，多以克肘為主，肘腕兼制，克敵制勝。

本節特選肘部擒拿法屈肘、架肘、端肘、斫肘、靠肘、上捆肘、下捆肘、前捌肘、後捌肘、反托肘、夾腕纏肘、磨身扛肘、翻車跌仆、霸王觀陣、取腕別肘十五式，詳述如

下。

一、屈肘（肘部擒拿法）

用法簡介

（一）甲乙二人面對而立。乙進左步，同時向甲胸部沖右拳。甲重心後移，抬右手準備接招；目視乙左臂。（圖4-92）

（二）承上式。甲身體左閃含胸；同時，出右手抓住乙左手腕部的腕脈穴；目視乙方。乙被扣抓住腕脈穴後，被迫鬆開右拳。（圖4-93）

（三）緊接上式。甲向乙方前進一步，用左腿管住乙方右腿後方，身體右轉90°；同時，左臂穿過乙方肘下在乙的右腕處抓按，左肘屈肘向上端抬，右手側向下壓按；目視乙方。（圖4-94）

圖4-92

圖 4-93

圖 4-94

要點說明

（一）此式是以肘彎壓控對方的肘關節而制敵。

（二）第二動我用右手擒住對方的腕脈穴，必須把對方

的曲池穴、陽谷穴也加以控制。因為此三穴被點拿之後，整條左臂便麻木，而麻木感只是暫時的，要想完全制服對方，還要更進一步地實施擒拿。

（三）乘對方右臂麻木時，迅速進右步，轉身屈肘控腕，用力拗其右肘，此為鷹爪擒拿術錯骨之法。對方肘骨被折，會因劇痛而喪失反抗能力。

二、架肘（肘部克制法）

用法簡介

（一）甲乙面對而立，以接手見招；互視對方所伸的右掌。（圖4-95）

（二）甲緊握乙的右掌向上抓抬，迅速進左腳至乙右腳腳後跟處，管住乙的右腳；同時，左手經乙右臂下向前上方至乙的咽喉處做捏嗉動作；目視乙方。（圖4-96）

圖4-95

圖 4-96

要點說明

（一）「架肘」一式，是以自己的左臂架住對方的肘部，然後再施以手法而制之，架肘只不過是手段，而最終目的是施制「黃鼬捏嗉」動作以制服對手。

（二）在架肘成功之後，對方右臂已經為我所控制，乘此良機，我迅速進步以下、中、上協調進攻。下者以我腳管住對方右腳，使其不能退步擺脫；中以右手加陰柔勁握住乙右手，使其右臂麻木失靈；上則以我左爪手拿捏其「咽部」，大拇指叉其「喉結穴」，其餘四指則壓住其「頰車」「大迎」兩穴。此三穴非常重要，喉結穴為「氣門」，點之閉氣，自然是死穴；再者，我右手如握住對方之右手下壓，左臂肘同時上架，左右用力一拗，對方右臂自然折斷。所以不到萬不得已，不用此手。這也是鷹爪門的「點穴閉氣、分筋錯骨」之所在。

三、端肘（肘部克制法）

（一）甲乙二人面對面，以單鞭式法而立；兩人均出拳以待，目視對方。（圖4-97）

圖4-97

（二）承上式。乙用右拳沖擊甲的頭部；目視甲方。甲向左閃進步，身體右轉；同時，以右掌接抓乙擊來左臂的腕脈穴，左拳下垂待動；目視乙方。（圖4-98）

（三）緊接上式。甲再迅速進左步，右手繼續抓住乙方腕脈穴並向下牽引其右臂；同時左手穿至乙方右肘下，向上抬端乙方的肘部；目視乙方。（圖4-99）

要點說明

（一）「端肘」，就是將對方的肘關節向上反折，屬於擒拿巧勁之一。

圖 4-98

圖 4-99

　　（二）使用端肘手法，取腕是基礎，把對方的右腕控制住，其功已得一半了。其次是端肘要得法，一是端的位置準確，位置準確則不易脫手；二是身體重心要沉穩，輕浮則無力，端而無用，反會被人所制。

　　（三）此式從接手見招開始，到制服對方結束，也是一

個拿穴、錯骨的過程。右手捏拿的腕脈、陽池、陽谷三穴，均為麻穴，能使對方右臂麻木；左手大拇指扣抓「曲池穴」，其餘四指補拿其肘節。曲池穴為二十四穴之大穴，而肘節側為臂部麻筋之主及聯絡上臂和前臂之用，且曲池穴外側有一伸筋，被拿之後，可以使全臂伸而不屈，如果再加之右手下沉，左手上端，使對方右肘反折，其肘必斷。

四、斫肘（腕肘擒拿法）

用法簡介

（一）甲成右弓步，兩臂下垂；目視乙方。乙進右步，右腿屈膝半蹲、左腿挺膝蹬直成右弓步；同時，出右拳沖擊甲的胸部，拳心朝下，左臂自然下垂；目視甲方。（圖4–100）

（二）甲見乙方沖出的右拳將及胸部，身體重心後移，

圖 4–100

含胸轉體；同時出右手抓住乙沖來的右腕脈穴、陽池穴及陽谷穴；目視乙方右臂。（圖 4-101）

（三）緊接上式。甲方迅速向乙方右腳後進步，管住乙方右腳；同時，身體右轉 90°，右手抓住乙方手腕向內抓帶，並用左前臂向前、向右格捩乙方的肘外關節，迫使乙方伏地就犯；目視乙方。（圖 4-102）

圖 4-101

圖 4-102

要點說明

（一）斫者，刀斧砍也，形象地說明了「斫肘」的威力。

（二）人之前胸，分布著很多俞府，如前心、彧中、神藏、靈墟、幽門穴等，大多屬足少陰腎經，若被擊中穴道，自然傷及內臟，所以技擊者大多首選打擊對方胸腹，以取要害。

（三）本式法為防胸克敵所用，首先是防胸取腕，繼而是斫肘克敵，當讓過對方進攻的右拳後，取腕則是關鍵。取腕時還要把對方右臂拉直。只有拉直對方右臂，其斫肘威力才能到位，我左前臂向對方肘部外側面稍一用力，其臂便會折斷。

五、靠肘（肘部制敵法）

用法說明

（一）甲乙雙方均右腳在前。乙突然用右手抓住甲的右腕，掌心向下，虎口向前，左手自然下垂；目視甲方。（圖4-103）

（二）承上勢。甲迅速將右臂向上托舉，以破對方抓力；目視右手。（圖4-104）

（三）緊接上動。甲做右掌的甩腕刁，反把乙方右腕抓住，並用力扣其腕脈穴；目視乙方。（圖4-105）

（四）承上式。甲緊抓住乙方右腕向右下方拉拽；同時，身體右轉，左腳前進至乙方右腳跟後，管住乙方的右

圖 4-103

圖 4-104

圖 4-105

腳，使其不能挪動，並用左前臂將乙方的肘部向外側靠壓，迫使乙方右肘反折而斷。（圖4-106）

圖4-106

要點說明

（一）「靠肘」，是鷹爪門肘部的擒拿手法之一。此法取法容易，效果良好。

（二）取腕是此法完成好壞的基礎，拿穴下拉靠肘是關鍵一招，要上下協調，一揮而就。其作用與「斫肘」相同，在此不加贅述。

六、上捆肘（控肘制敵法）

用法簡介

（一）乙方出左拳沖擊甲的面部。甲迅速用右手抓住乙

方沖來的左手腕，並抓點穴位；目視乙方。（圖4-107）

（二）承上式。乙見左腕被甲方抓住，右拳再向甲腹部擊來；甲迅速出右手再抓住乙方沖來的腕部。（圖4-108）

圖 4-107

圖 4-108

（三）接上式。甲方兩手同時抓穴緊握，使乙方兩臂皆麻，繼而左手向下抓拉乙方之左臂前推；右手抓住乙方右腕，向內、向上、向前抓舉，使乙方的肘關節折屈在自己的左臂前；目視乙方。（圖4–109）

（四）接上動。甲方鬆開握住乙腕的左手，迅速用左拳擊打乙方胸、腹部。（圖4–110）

要點說明

（一）「上捆肘」，即將對方的右臂制彎並將之控制在對方的左臂之上。

（二）由捆肘之勢使乙空出中焦，我則乘隙而擊之。

（三）此招法要想隨心所意地應用，需注意以下幾點：一是雙手控腕要順利。這就來自平時之功夫，必須把兩手的爪力練就，只要爪力練就，取腕按穴才能應手可取；二是捆肘得法。得法有二，一是有勁，能夠把對方肘部制彎；二是

圖4–109

圖 4-110

位準，能夠準確地把對方的右臂控制在其左臂上。把以上兩個關鍵環節順利完成，「上捆肘」則大功告成了。

七、下捆肘（控肘制敵法）

用法簡介

（一）甲乙面對而立，均右腳在前。乙方出右拳沖擊甲的胸部。甲迅速用右手抓住乙沖來的右腕。（圖 4-111）

（二）承上式。乙隨即再沖擊左拳。甲方迅速出右掌，抓住乙方沖來的左腕部。（圖 4-112）

（三）接上式。甲方身體下沉成右弓步，兩手用力緊緊扣住乙方兩手的腕脈、陽池、陽谷穴，迫使乙方兩臂麻木，再趁勢將乙方的兩臂向下抓拉前推，迫使乙方左臂壓在右臂裡面，呈十字型；目視乙方。（圖 4-113）

（四）緊接上式。甲方步型不變，放開抓住乙方右腕的

圖 4-111

圖 4-112

圖 4-113

右手，以右拳擊向乙方胸部；目視乙方。（圖4–114）

圖4–114

要點說明

同上式（六）上捆肘要點。

八、前掤肘（克對方擊胸用法）

用法簡介

（一）甲乙面對而立。甲方右腳在前。乙方進右步；同時，向甲方胸部沖右拳；目視甲方。（圖4–115）

（二）緊接上式。甲發現乙方沖拳將至胸部，迅速撤右步，身體右轉；同時，右手抓住乙方沖來的右拳用力上薅，並緊扣其腕脈、陽池、陽谷穴，使乙方右臂麻木；目視乙方。（圖4–116）

圖 4-115

圖 4-116

（三）上動不停。甲方迅速進左步至乙方腳後方，管住乙方右腳；同時，身體右轉 90°，用左前臂向乙方右肘關節外側搠肘，使乙喪失反抗能力。（圖 4-117）

圖 4-117

要點說明

（一）「前掤肘」是肘部的錯骨方法。此式用法簡便，但殺傷力極強，是鷹爪門主要錯骨術之一。

（二）此式妙在取腕。順取腕部，則掤肘成功大半。

（三）取腕、進步、掤肘要連貫協調，一氣呵成。稍一用勁，乙方肘部必折斷，所以，不到萬不得已之時，不能狠心施用此招法。

九、後掤肘（克身後被抓法）

用法簡介

（一）甲方正邁步向前走去，左腳在前。乙方在甲方身後，進右步、兩腿屈膝成半馬步；同時，右手前伸，抓住甲方腰後的衣服向後拽；目視右手。（圖 4-118）

圖 4-118

（二）甲方發現自己背後衣服被對方抓住，迅速用左手向後抓住乙方的右腕脈穴。（圖4-119）

（三）接上動。甲方身體轉身下沉，兩腿屈膝半蹲成半馬步；同時，左手抓住乙方的手腕不放，並發勁扣其腕脈、

圖 4-119

陽池、陽谷穴，迫使乙方右臂失去控制能力；甲方趁向右轉身之際，以右肘向乙的右肘反壓，迫使乙方束手就擒。（圖4-120）

圖 4-120

要點說明

（一）「後掤肘」，是反背後偷襲的擒拿術，是運用臂力反制敵人肘部的錯骨方法。

（二）此種式法，也是取腕當先，掤肘在後，只有取腕得手，才可以談掤肘，如取腕不到，則另當別論。

（三）左手取腕拿穴成功之後，轉身牽動乙方左腕，將其右臂拉直，做到這一步，掤肘動作才可成功，所以，這類錯骨方法是靠槓桿別擔勁成功的。

十、反托肘（克對方擊胸法）

用法簡介

（一）甲方兩腳開立，右腳在前。乙方進右步並沖左拳擊打甲方胸部，拳心向下；目視甲方。甲方左掌向上托抓乙方沖來的左手的腕部，使掌心緊扣乙方腕部的腕脈穴，拇指和其他四指緊扣其陽池穴和陽谷穴，乙方即左臂麻木，失去反抗能力。（圖4-121）

（二）緊接上式。甲方右腳前進半步，身體重心下坐並向左轉90°；同時，右前臂向前、向上頂托，左掌內旋向下抓按乙方左臂，迫使乙方的左臂反折；目視乙方。（圖4-122）

圖4-121

圖 4-122

要點說明

（一）「反托肘」是克制敵人用右拳或左拳打來的克肘錯骨法。

（二）此手可一擒一拿，分筋錯骨，令其肘折，以手肘折其手肘，是連消帶打的方式。

（三）此手法取腕、按穴、進步托肘要連貫協調，快速到位。

十一、夾腕纏肘（克腕肘擒敵法）

用法簡介

（一）甲方右腳在前，左腳在後，右拳橫推於胸前；目視乙方。乙方向前探身，用右拳背向甲方擊去，左拳推於右腋下；目視甲方。（圖 4-123）

圖 4-123

（二）甲方見乙方右拳將至，迅速將胸向右轉內含；同時，用左手抓住乙方的右腕，掌心朝下，虎口朝內，大拇指扣其腕脈穴，虎口和其餘四指扣其陽池、陽谷穴，使其右臂麻木；目視乙方。（圖 4-124）

圖 4-124

（三）承上式。甲方左手刁抓住乙方的腕部不放，左臂外旋向左後方抓扣，同時進右步至乙方的右腳後方管住其腳，右手上穿至乙方右臂右後方；目視乙方肩部。（圖4-125）

圖 4-125

（四）上動不停。甲方的右臂繼續向下、向右、向上、向乙方的咽喉處做纏肘動作；目視右手。（圖4-126）

要點說明

（一）「夾腕纏肘」，是克腕部、肘部和肩部的擒敵方法，是多關節同制的一種點穴、擒拿、錯骨法，也是一種裹纏與槓桿原理相結合的三部位拿法。其克制性異常強烈，是擒術中很少見的妙法。

（二）順利完成此招法，要注意以下幾點：一是取腕準確得法，取腕一手是此手法完成好的基礎；二是扣穴脈要力度到位。拿制穴位，如果力度不到位、點之無用，則容易脫

圖 4-126

手，脫手則前功盡棄；三是夾腕纏肘要準確無誤，夾腕不準則最易被對方反攻；四是管腿到位，使對方的腿沒有退路；五是繞臂纏肘動作要身催手進肘借腰力，連貫一氣，不繞則已，一繞而成。要上下協調不僵，協調則易進，身僵則難以進攻。

（三）總之，「夾腕纏肘」一法，是穴位、關節、身法、步法、螺旋勁、槓桿勁的一種綜合性擒拿法，殺傷性能十分厲害。習此法者要以武德為重，少用此招，以免筋斷骨折的事情發生。

十二、磨身扛肘（克背後被拿法）

用法簡介

（一）乙方在甲方的背後進右步；同時，用右手抓住甲方背後的衣服；目視甲方。（圖 4-127）

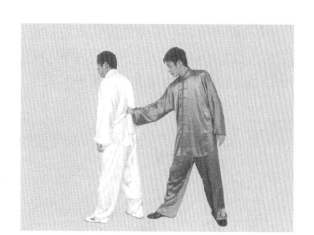

圖 4-127

（二）甲方發現背後被抓，左腳向前進半步，右腿屈膝蹬直，成左高弓步，同時右手向後、向右、向上托抓住乙方的手腕。乙方被抓之後被迫使右臂外旋；目視甲方。（圖4-128）

圖 4-128

（三）接上動。甲方左手也向後、向右抓住乙方的右腕，頭向左轉，目斜視後方。乙見甲方兩手握自己的右腕，也用左手救自己的右腕，目視雙手。（圖4-129）

圖4-129

（四）接上式。乙方右腳向右跨平步，左手回移至左後方，同時用自己的右手向右後拉甲方。甲方趁勢身體向右後俯身磨轉，當頭部正對乙方前胸、左肩正對乙方右臂下端之時，身體停止磨轉。由於身軀的回轉，乙方的右手腕及肘關節已被反扭過來。（圖4-130）

（五）承上式。甲方將左肩背扣在乙方右肘關節的下面，右腿前弓，左腿後撐，使肩向上挺頂，以增強對乙方右臂和肩關節的反截力，此時，只要稍加上挺用力，就會使乙方右肩、肘、腕筋斷骨折。（圖4-131）

圖 4-130

圖 4-131

要點說明

（一）「磨身扛肘」是專門克制從身後抓住衣服或腰帶的錯骨法。其破法十分巧妙，破壞性強烈，可謂「黑手」。

（二）此招法首先以控制住對方的右腕為前提，以扭翻其腕、肘而形成牢固的扛肘態勢，以斷肘、脫肩、折腕而迫使對方就擒。

（三）此招就勢後，由於雙手都在背後，要十分注意對方左手的還擊。

十三、翻車跌仆（背山過梁）

（一）甲、乙方對陣。乙進右步；同時右拳沖擊甲的面部，拳心朝下；目視甲方。甲方雙拳抱於胸前，目視乙方沖來的右拳，準備接手進招。（圖4-132）

圖4-132

（二）承上式。甲活右步，右腿微屈站立，左腿伸直，成右高弓步；同時，右拳變爪，刁抓住乙沖來的右腕部，爪心向下，左掌附於右上臂的內側；目視乙方。（圖4-133）

圖 4-133

（三）承上式。甲抓住乙臍部的腕脈穴向右後上方引，
同時迅速進右步，身體左轉 180°，兩腿屈膝成馬步；左手
抓、拉、托乙的右肘關節。（圖 4-134）

圖 4-134

（四）緊接上式。甲雙手抓住乙的右臂，向前、向下搬壓。（圖 4-135）

圖 4-135

要點說明

（一）「翻車跌仆」一法，是鷹爪門擒拿術一絕手，克制性強，殺傷力大，斷臂傷筋，重則頭破氣絕。此招類似摔跤中的「大背山」招法。

（二）此招應用，關鍵在第一招，抓腕認穴，準確無誤，使對方的右臂麻木才能有隙可乘。

（三）關鍵的關鍵是進步、抄臂、轉身扛臂要快速輕靈，巧妙協調，才能使此招發揮最大的威力。

十四、霸王觀陣（拿穴錯肘法）

用法簡介

（一）甲、乙雙方過手見招。乙進右步用反掌扇打甲方面部，掌心朝上；目視甲方。甲方抬左掌接抓住乙方扇打來的右腕部前側面；目視乙方擊來的右掌。（圖4-136）

圖 4-136

（二）承上式。甲方迅速前進一步，使腳進至乙方的右腳後方；同時，右掌沿乙方右臂肘彎上側穿至乙方右掌的前下方，掌心朝下；目視乙方手掌。（圖4-137）

（三）承上式。甲方右掌推別住乙方的右肘臂向前、向下搬壓；目視乙方。（圖4-138）

圖 4-137

圖 4-138

要點說明

（一）「霸王觀陣」一招，是以槓桿原理而施制的特殊性手法，接手見招，上步靈巧，立竿見影，實屬鷹爪擒拿術

的巧妙手法。

（二）接手擒穴準確，力量到位，氣勢逼人，才能形成優勢。

（三）進步與上手搬乙方的右腕要上下協調，不能脫節。協調則得手，脫節則失勢，失勢則對方易變。

（四）進步一定要到位，管住對方右腳和腿部，否則下盤一變，其手法即鬆，既影響整肘，還可能被對方反制。

十五、取腕整肘（肘部克制法）

用法簡介

（一）甲方左腳在前，乙方右腳在前。乙方用右掌劈擊甲方頭部，掌心向左。甲方左手迎抓乙方的腕部，虎口朝上；目視乙方。（圖 4-139）

（二）緊接上式。甲方進右步到乙方的右腳後；同時，

圖 4-139

左手迅速向左上方抓推，虎口朝右，右手穿至乙方上臂的外側；目視乙方。（圖4-140）

（三）上動不停。甲方用右腳吃住乙方的右腳，迅速以右掌上穿至乙的右腕處向外、向下按壓，造成乙方肘肩關節的反蹩；目視乙方。（圖4-141）

圖4-140

圖4-141

要點說明

（一）「取腕蹩肘」主要是以錯骨為主，是以槓桿原理而施制。

（二）此種克肘方法容易得勢上手，並且制敵效應異常強烈，原因是既可控制對方關節，又可吐身吃手重跌其後腦。

（三）在左手取腕之後，進步宜迅速到位，慢則對方有備；還要掌握對方右臂前臂與上臂的角度，角度大則切掌起不到蹩肘的作用，角度小則拿切不利，只有在乙方前臂和上臂成 45°角最為適宜蹩肘的使用。

（四）此式殺傷力強，在與同道操練時，要控制力度，相互配合，協調一致，研究方法，避免損傷。

第四節　頸喉部擒拿法

頸喉部位，人們都稱「脖子」。它位於軀體之上端、頭顱之下。

頸喉部上舉頭顱，下連軀體，後有頸椎，前有咽喉。頸椎左右有兩條經絡，無數神經管線貫穿其中通往全身，眾多最重要的機體神經組織聚集頸項之處，各行其道，各司其職，是人體要害之一。

頸椎共有 7 塊，其共同特徵是具有模突孔。第三至第七頸椎，上關節突的關節面向後上方，下關節突的關節面向前下方。除第七頸椎外，棘突末端都分叉。第七頸椎的棘突最

長，棘突末端不分叉，低頭時在頸部後面可以看出和摸到，因而第七頸椎又叫隆椎。第一頸椎上沒有椎體和棘突，有較長的後弓、較短的前弓和側塊，前弓後有個關節面有齒凹，側塊上面有橢圓形凹陷，即上關節凹，與枕骨髁形成關節。第二頸椎的椎體上有一個齒突，於齒突前後各有一個關節面叫前關節面及後關節面。綜上所述，這種生理結構造成頭、頸的轉動都有一定的限度。

鷹爪門擒拿術則專門使其超出這一限度，超出這一限度則為錯骨，錯骨則換筋斷頸。頸部受制，輕則吞吐不適，轉動失靈；重則頭腦昏暈，危及生命。

喉，即咽喉，是氣之通道。咽喉被封，則氣流被阻，被阻則氣斷，氣斷則身亡，所以，頸喉是鷹爪門擒拿術施制的關鍵部位，充分體現了點穴閉氣、分筋錯骨的特點。

拿制頸喉，大多以纏頸鎖喉為主，本節特選了頸喉部擒拿法七式，即拘頸、齊步鎖喉、背後封喉、鎖喉解脫、勾頸反撲、抓眼鎖喉、封喉閉氣。現逐一詳述如下。

一、拘頸（進步鎖喉）

用法簡介

（一）甲乙動手過招。乙進右步，同時舉右拳向甲頭部劈砸；目視甲方。甲左腳在前，腿屈膝蹲，右腿挺膝蹬直；左掌向上托住乙方劈下來的肘關節，虎口向上；目視乙方。（圖4-142）

（二）緊接上式。甲迅速上右步到乙方兩腳的後側；同時，身體左轉90°，左手抓住乙的右臂向右後方推帶，右臂

圖 4-142

呈鉗形圍裹乙的頸部；目視乙方。（圖 4-143）

（三）緊接上式。甲右腿向後蹬撐；同時右臂夾住乙方頸部向左下方轉身擰搬。（圖 4-144、圖 4-144 附圖）

圖 4-143

圖 4-144

圖 4-144 附圖

要點說明

（一）「拘」，在這裡當握持講。也就是把頸部勾緊。
此手法要有迅雷不及掩耳之勢才能奏效。

（二）第一手即托肘，虎口托其肘尖，拇指和食指、中指、無名指摳其曲池部位的麻筋，使其右臂失去知覺，這就佔據了主動。

（三）進步要到位，必須管住對方的腳，這時勾頸才能有保障。進步要和勾頸協調一致。

（四）拘頸時，左手應抓住自己的右手腕以助勁力，不能使對方頸部滑脫。

二、齊步鎖喉（黃鼬捏嗉）

用法簡介

（一）甲乙相對而站。乙方進右步，屈膝半蹲，左腿挺膝蹬直，成右弓步；同時，右拳向甲面部沖擊，拳心朝下；目視右拳。甲右腿在前稍屈，左腿屈膝成右高虛步，左掌護於左胸前，掌心向右，右手自然下垂，目視乙方，準備接招。（圖4-145）

圖 4-145

（二）承上式。甲右移重心，右掌向前、向下抓住乙方的右腕脈穴，爪心向下，爪口朝前，左掌附在右上臂的內側；目視乙方。（圖4-146）

（三）緊接上式。甲方抓住乙方腕部，先後移重心，向後抓拉乙方，並以左掌助力；目視乙方。（圖4-147）

圖4-146

圖4-147

（四）承上式。甲方借助向後抓拉之力，右腳突然向前
進步至乙方兩腳的後方；同時左手向左後方抓拿乙方右臂，
右爪向乙方的咽喉處推捏，使乙方仰身被擒。（圖4-148）

圖4-148

要點說明

（一）咽喉穴位於頸前側中央凹處，為氣管之口，此乃
重要穴道之一。此穴屬於單穴，可拿可捏，可點可按。如拿
住之時，被拿者的咽喉發出「呼、呼」之聲，再不放鬆，傾
刻就會身亡。鷹爪門擒拿術就以分筋、錯骨、點穴、閉氣為
主，此種手法，是閉氣之一種。同時一定要謹慎從事，以免
造成不必要的傷亡。

（二）此手的用法，首先點抓對方的右臂麻筋，使其減
弱進攻能力，然後進行抓拉，使其失去重心，最後再進步管
往對方下盤，施制鉗子手鎖喉。

（三）以上幾個動作，要協調巧妙，緊湊連貫，準確無誤。關鍵是以右腳管別住對方的右腿，我右爪再向前推捏，對方必向後仰跌。

三、背後封喉（背後拿喉法）

用法簡介

（一）乙方兩腳自然開立，兩臂自然下垂。甲方趁乙方不注意，進右腳至乙方兩腳之間；同時，以右臂向前、向左、向後封喉，拳心向內；目視乙方。（圖4–149）

（二）緊接上動。甲方迅速再上左手推按至乙方的後腦部；目視乙方。（圖4–150）

（三）承上式。甲方用右前臂向內用力封喉，同時用左手向左下方用力推壓乙方的頭部，使乙方的頸椎錯折。（圖4–151）

圖4–149

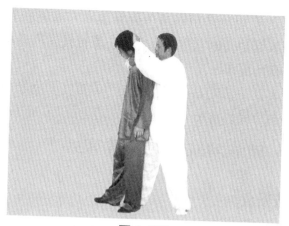

圖 4-150

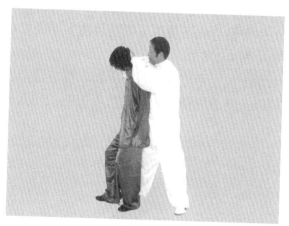

圖 4-151

要點說明

（一）背後封喉一法，是在敵人背後將其咽喉進行封挾的一個絕技，此種方法，最適合不出聲音的單獨作戰。也是閉氣窒息之法。

（二）要想此法施展得準確無誤，右臂的挾箍必須到位，同時挾緊對方的咽喉，還要以左掌推按對方後腦部，形成右臂封挾的反作用力。

（三）此手法的右臂挾箍和左手的推按要協調連貫，如不連貫，對方最易滑脫；最重要的是防止對方的向後撩陰。

四、鎖喉解脫（頂陰貫耳法）

用法簡介

（一）甲乙相對而站。乙見甲方不防，進左步，並用雙掌掐住甲的咽喉，雙掌心相對；目視甲方。（圖4–152）

（二）甲方重心向下猛沉，雙腿彎曲，同時雙手變拳；目視乙方。（圖4–153）

（三）承上式。甲方突然重心上起，提右膝向乙方的陰部頂擊；同時，雙拳向外、向內裏打乙方的太陽穴和耳部，

圖4–152

圖 4-153

圖 4-154

兩拳心向前外方；目視乙方。（圖 4-154）

要點說明

（一）「鎖喉解脫」是絕處求生之法，先為人制，以此法解救，再反制對方。

（二）耳根、太陽穴為暈穴，陰囊為死穴，以上穴位都為人身要穴，一旦被點，輕則受傷，重則死亡，所以，發現被對方掐住之後，應馬上採取行動，首先下移重心，以破解掐頸之力，再提膝貫耳，直打對方的下陰和兩耳部，此時則危機得以解脫。

五、拘頸反仆（卡頸過橋）

用法簡介

（一）甲方和乙方對壘。乙進右步，同時右拳前沖，拳心朝下。甲方重心下沉成右高虛步，雙拳托於胸前；目視乙方沖來的右拳。（圖4–155）

（二）承上式。甲方進左步；同時，左掌向前、向右刁抓住乙方的曲池穴，右拳抱於胸前，掌心向下；目視乙方。（圖4–156）

圖4-155

圖 4-156

（三）緊接上式。甲方左手托抓住乙的右臂向左上方托舉；同時快速進右步至乙方的腳後面，右臂向右、向前、向內封箍住乙方的頸部；目視乙方。（圖 4-157）

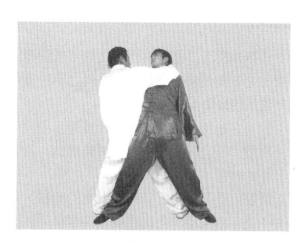

圖 4-157

（四）承上式。甲迅速屈身頂臀，左轉身體，右上臂向前、向下搬壓；同時，左手抓接住乙方的右膝下側並將之上提，把乙方背起摔過身去。（圖4-158）

圖 4-158

要點說明

（一）「拘頸反仆」是連消帶打之法。所謂連消帶打，是首先將對方之攻勢消去，同時運用反攻之手法獲得反敗為勝。此也是鷹爪門擒拿術的獨到之處。

（二）對方右拳打出時，我將右拳讓過，用左手抓帶其曲池穴，並用陰力捏之，使對方右臂頓時酸麻，為進步拘頸反仆創造良好的機會。

（三）所謂反仆，就是用腳管住對方的腿腳，並將其背起扔過身去。此手為死手，所以在練習時要格外注意，以免造成不必要的傷害。

六、金鷹鎖喉（二龍戲珠）

用法簡介

（一）甲乙面對而站。乙方進右步；同時，舉拳由上向甲方頭面劈砸，左掌自然下垂在身體左側；目視甲方。甲方兩腳開立，左腳在前，用左爪接住乙下劈的右肘部；目視乙方。（圖 4-159）

圖 4-159

（二）緊接上式。甲方左手刁抓住乙方的右臂向右下方抓拉，並迅速上右步至乙方兩腳的後方；同時，右拳變爪，刁抓住乙方的咽喉前推；目視乙方。（圖 4-160）

（三）緊接上式。甲方繼續上左手摳抓住乙方的兩眼上眼眶；同時，右腿向後下方蹬撐，身體向前、向左搬轉；目視乙方。（圖 4-161、圖 4-161 附圖）

圖 4-160

圖 4-161

圖 4-161 附圖

要點說明

（一）「金鷹鎖喉」也叫「二龍戲珠」，還叫「抓眼鎖喉」，雖然叫的名稱不一，但用法一致。

（二）眼為心之門戶，是人體最重要之部位，不到萬不得已，不用此手。再加上鎖喉，那就更加嚴重了。因為我們這是講解，手就去抓眼了，演練時，點到即止，以防傷害。

（三）在手接抓對方右臂時要用鷹爪力的陰柔掐捏法，使對方右臂麻木，同時，右手從其腋下穿入後搭住其右肩。首先制其右臂，再向咽喉進抓。

（四）右手向前抓推，左手的抓眼要形成一種合力，加之右腳管住對方的下盤向後蹬撐，以及身體轉搬要巧妙協調，方能得心應手，事半功倍。當然，這也需要很強的耐力去練習才可。

七、封喉閉氣（盤根卡嗉）

用法簡介

（一）甲乙面對站立。乙方進右步；同時右拳向甲方胸部沖擊，拳心朝下；目視甲方。（圖4-162）

（二）甲見乙方的沖拳將至，身體略左轉，右手向乙方沖來的肘部抓刁，虎口向左，左掌立附於右上臂內側；目視乙方。（圖4-163）

（三）承上式。甲方將乙方的右臂向左後方推抓，隨即進左步至乙方兩腳的後方，左臂挾住乙方的左上臂的根部；同時，右爪抓推乙方的咽喉，使乙方被卡仰身被俘。（圖

圖 4-162

圖 4-163

4-164、圖 4-164 附圖）

要點說明

（一）「封喉閉氣」，也叫做「盤根卡嗉」，也就是管

圖 4-164

圖 4-164 附圖

住下盤，卡抓其咽喉，使對方仰倒被俘。

（二）第二式甲方抓住乙方肘部時要抓點其曲池穴或第二根麻筋，因為曲池穴是暈穴，且有麻根之效，如被抓至正處，左臂肯定麻痺，我則趁此而盤根封喉。

（三）進步盤根，左、右手的進招要協調一致，右手要以大拇指和中指之合力捏其咽喉，並要使對方的腰向後反折。

第五節　頭部擒拿法

頭為諸陽之會，面為五行之宗；列百脈之靈府，通五臟之神路；位居最上，而統領全身；五官，七竅明於外，大腦神經居於內，奇經要穴密布及全頭，五穴四瀆排列於面；輕碰則傷，重則致殘身亡，可謂最要害部分。

然而頭部常在安全地帶，加之保護森嚴，擒拿的各種手法，直取不易。通常是腰腿被控，兩手空閑，且對方之頭送近時方可使用頭部擒拿術。但頭呈圓形而堅硬，很容易脫手，大多數取手配合，以扭頭錯骨，分筋點穴為主。

本節選用鷹抓雞頭、抓頷關、推錯頭、鳴天鼓四式，供廣大武術愛好者參考。

一、鷹抓雞頭（死雞撐頭）

用法簡介

（一）甲兩腳自然開立，兩手自然下垂；目視乙方。乙方猛然進左步至甲方兩腳之間，左腿屈膝半蹲、右腿後蹬成左弓步；同時，兩手向前合抱甲方的腰部將其摟緊。（圖4-165）

（二）承上式。甲方右手接住乙方的頭頂部，手心向下，左手抓住乙方的下頷，掌心向上，呈抱球勢；目視前

方。（圖 4-166）

（三）緊接上式。甲方重心後移，右手向內下方推按，同時左手抓住下頜向上猛搬；目視乙方。（圖 4-167）

圖 1-165

圖 4-166

圖 4-167

要點說明

（一）「鷹抓雞頭」，也叫「死雞擰頭」。此式以扭頭錯骨法，破解對方的前箍腰動作，是再好不過的了。但兩手抱頭的部位要正確，步法不亂、支點準確、抱頭得位是這一招法的關鍵。

（二）扭頭錯骨時，兩手要同時進行，並用腰部右擰來完成左手的搬腮動作。總之要做到步穩腰活，搬錯得法。

二、抓頜關（巧摘下巴）

用法簡介

（一）甲乙面對而站。甲右腳前伸，左腿微屈，成右高虛步，雙拳抱於胸前，右拳在前，拳心朝下；目視乙方。乙方進右步屈膝半蹲、左腿挺膝蹬直成右弓步；同時向甲方沖

右拳，拳心朝下；目視甲方。（圖 4–168）

　　（二）承上式。甲方活步，身體右轉；同時，用右手抓住乙方的右腕脈穴，左手抱於胸前，手心向上；目視乙方。（圖 4–169）

圖 4–168

圖 4–169

（三）接上式。甲方再進左腳，同時用左手抄抓乙方右肘部的曲池穴，掌心向上，兩手向後抓拉。（圖4-170）

（四）承上式。甲方再進右步至乙兩腳間的後方；同時用右手迅速抓捏乙方下頜，四指抓其耳腮處，拇指按住其頰骨處；目視乙方。（圖4-171、圖4-171附圖）

要點說明

（一）「抓頜關」，顧名思義，就是用鷹爪手法抓錯頜部的關節。「頜關」屬於聯合關節，其連接形狀，分陰陽關節，又分關節凹和關節凸。以鷹爪擒拿手法拿之，如果到位，就會使其關節錯位而脫臼，加之韌帶受傷，其關節隨即失靈而疼痛難忍，所以，抓頜關是一種獨到的錯骨手法。

（二）抓頜關的技巧應用，主要靠第一動的抓捏腕和第二動抄抓曲池穴的巧妙成功，使對方整條右臂失靈，才能達到「抓頜關」的目的。

圖4-170

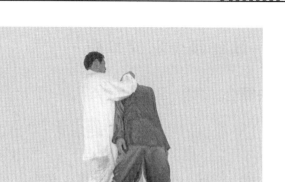

圖 4-171

圖 4-171 附圖

（三）「抓頷關」一動要求準確到位，力度充實，認穴
準確，動作更要協調一致，要達到不動則已、一動而成功的
目的，才能使用此手。

三、推錯頭（別臂推頸）

用法簡介

（一）甲乙方面對站立。乙方進右步，並出右拳沖擊甲方，拳心向下；目視甲方。甲方重心下沉，兩拳向前伸，左拳在前，拳心朝右；左拳抱於右腰側，拳心向左；目視乙方。（圖4-172）

（二）承上式。甲方身體左轉；同時，用左爪向左、向上刁抓住乙方的右腕脈穴，右拳不變；目視乙方。（圖4-173）

（三）緊接上式。甲方迅速上右步至乙方兩腳後方，身體左轉90°；同時，左手抓住乙方右腕向左後抓領，即而放手沿乙方右臂上穿至頭的後腦處摟搬，右拳變爪，將乙方的下頷向前、向左抓推；目視乙方。（圖4-174）

圖4-172

圖 4-173

圖 4-174

要點說明

（一）「推錯頭」是鷹爪門擒拿術中錯骨的一種方法，先以擒拿手法制住對方的下頜及後腦，再猛力推錯其頸椎，

使其錯位而失靈被擒。

（二）此法用於貼身使用，但必須把對方的右臂挾別於左腋下而使其失去作用，確保推錯頭的殺傷效果。

（三）使用此法，還要把對方的下盤管住，管住下盤，上手即寬。所按之穴有耳腮穴、牙腮穴以及後腦的啞門穴。啞門穴為暈穴，一經被按，立即昏迷。耳竅穴為頭之要害穴位，所以，在習練之時要多加小心才是。

四、鳴天鼓

用法簡介

（一）乙方在前方行走，甲方在後偷襲乙方。甲方進右步至乙方兩腳之間，右腳尖向前；同時，雙掌在乙方兩腋下向前穿出，兩掌心相對；目視乙方後腦處。（圖4-175）

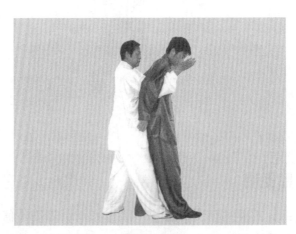

圖4-175

（二）承上式。甲方兩手向上、向前按住乙方後腦的天鼓穴；同時，兩肘頂住對方兩臂上撬；目視乙方後腦部。（圖 4-176）

（三）緊接上式。甲方兩肘部繼續向上端頂，同時兩手按住乙方的兩個天鼓穴向下點壓，迫使乙方彎腰伏頭；目視乙方頭部。（圖 4-177、圖 4-177 附圖）

要點說明

（一）「鳴天鼓」，也叫「腦後推碑」。此種手法，適宜於從背後襲人，最適用於警探界中人捉捕罪犯。此法也屬於連消帶打之招，一招制敵，使對方沒有還手機會。

（二）按天鼓穴時要盡量使對方的頭向下狠壓，使對方的下頷自壓其咽喉，此為閉氣用法，可以一直壓到對方氣絕。另外用此法時，要注意對方向後的撩陰手法。

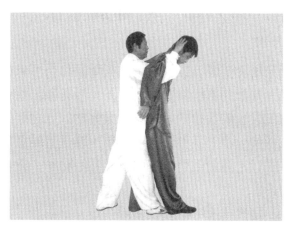

圖 4-176

圖 4-177

圖 4-177 附圖

第六節　肩部擒拿法

　　肩關節屬於游離上肢骨，是由肱骨頭和肩胛骨的關節盂構成。加固關節的結構除關節盂緣外，尚有喙肱韌帶、喙肩韌帶和肱二頭肌的長頭腱。肩關節是典型的球窩關節，可繞額狀軸做屈伸，繞矢狀軸做內收外展、繞垂直軸做旋內旋外等動作。逆以上運動軸而行，則為反關節動作，就是我們擒拿之中的錯骨。

　　肩關節是擒拿術中的重要關節，是「三節」「六合」當中的「根節」。其實它本身無直接的進攻技能。但由於它的

活動範圍具有夾截旋繞之功能，是擒拿術賴以成功的根基，所以，如果肩關節被制，輕者活動受阻，進而韌帶撕裂；重者肱骨脫臼、肩臂骨折。

對肩關節的施制，大多採用雙手，所以拳諺有「單擒腕和肘，雙擒肩胯走」的說法。以下總結了捆臂撇肩、封肘卸肩和撇肘踩肩三個擒拿方法，逐一詳解如下。

一、繞臂撇肩（巧婦拽面）

用法簡介

（一）甲方和乙方對陣。乙方進右步，左拳向外、向前、向右貫耳擊出，目視甲方。甲方雙腿下蹲；同時，雙掌抱於身前，右掌前伸，左掌附於右臂的內側，準備接手進招；目視乙方貫打來的左拳。（圖4-178）

（二）承上式。甲方抬舉右掌刁抓住乙方擊來的左腕脈

圖4-178

穴，掌心向右方，左掌附於左胸前；目視乙方。（圖4-179）

（三）承上式。甲方抓住乙方的腕脈穴，向右、向下、向左、向上牽繞，繞至甲方的前方，使乙方的左臂反擰、拳心向外；目視乙方。（圖4-180）

（四）承上式。甲方右腳向乙方進半步；同時，右手不

圖 4-179

圖 4-180

放，進左手抓住乙方的肘部曲池穴；目視乙方。（圖 4-181）

（五）承上式。甲方的左腳向左後撤步至乙方兩腳後方，身體向右轉 180°；同時，右手繼續向上、向右、向下抓壓，左手配合右手向上托舉乙方的左肩下部，迫使乙方折肩反仰。（圖 4-182）

圖 4-181

圖 4-182

要點說明

（一）「繞臂撤肩」是一種動作複雜、技法巧妙的克肩方法。控制腕臂之後，利用大幅度的立圓動作對對方的肩關節施制，制敵凶狠，稍不注意，就會造成斷肘脫肩。

（二）在抓住對方左腕、臂之後，要緊而靈活，決不能使其滑脫，更不能滿貫抓手而致緊而生僵，僵則成死手。

（三）此式的步法、身法、手法要協調一致，三路近逼，才能得心應手，制敵乾脆。

二、封肘卸肩（巧卸胛骨）

用法簡介

（一）甲方和乙方面對站立。乙方進右步，同時右拳向甲方翻拳打出，左掌附在右上臂內側，掌心向下；目視甲方。甲方右腳在前，雙腿屈膝，雙拳抱於胸前，目視乙方，準備接招。（圖4–183）

圖4–183

（二）承上式。甲方身體稍微右轉；同時用右手抓住乙方的右腕脈穴，左掌護於右肋前；目視乙方。（圖 4-184）

（三）緊接上式。甲方進左步；同時，左掌向乙方的右肘部推壓，掌心向下，右爪抓住乙的右腕向前、向下、再向上反折。（圖 4-185）

圖 4-184

圖 4-185

（四）承上式。甲方右手抓住乙方的腕部繼續向上猛捏，同時左手按住乙方的肩部猛力下按，迫使乙方下伏跪地。（圖4-186）

（五）緊接上式。甲方順勢將右腳前跟半步，左腿屈膝頂跪乙方的肩後部，左手復抓在乙方的肘關節處，右手用力向上搬；目視乙方。（圖4-187）

圖4-186

圖4-187

要點說明

（一）本式是一種擰臂控肘膝蓋壓肩法，要求動作乾淨
俐索。如果手法不準，壓膝不當，也是難以奏效的，這就需
在平時多練習，多體會，多積累，少出錯。

（二）本式在左腿上提跪膝時要控制好重心，以防止一
時的大意而被對方找到可乘之機。

三、撇肘踩肩（蹬踏鴻門）

用法簡介

（一）甲乙面對站立。乙方兩腳前後開立；兩拳抱於胸
前，右拳在前，拳心向左；左拳附於右胸前，拳心向下；目
視甲方。甲方兩腳前後開立，左腳在前；左掌向前伸出，屈
臂握拳，拳心向右；右拳附於胸前，拳心向下；目視乙方。
（圖4-188）

圖4-188

（二）接上式。乙方出右拳沖擊甲方面部。甲方身體左轉；同時，左手向左上方刁抓住乙右腕脈穴；目視乙方。（圖4–189）

圖4–189

（三）接上式。甲方右腳稍向前進到乙方腳近處，上體左轉，右手由下向左、向前、向上經乙方的右肘下向左上方屈肘抄起，左手抓住乙的右腕不放並向下拉，控住乙方右臂，迫使其身軀向左斜背。（圖4–190）

（四）承上式。甲方右腳再向前進半腳長度，至乙方兩腳間的後方；右手順勢向右、向下按住乙方的右肩後部，左手不鬆；同時用右膝前撞乙方右膝關節的後部；目視乙方腿部。（圖4–191）

（五）接上式。甲方右掌按壓住乙方右肩，左手抓住乙方的右腕向上、向前搬拉，迫使乙方跪地伏身；目視乙方。（圖4–192）

圖 4-190

圖 4-191

圖 4-192

（六）承上式。按以上動作繼續下按乙方，直至其面部觸地。（圖4-193）

（七）承上式。甲方重心前移至右腿，左腳踩住乙方的右後肩，雙手鬆開，身體上起，左掌前伸至右膝前，右掌抱於右腰側；目視乙方。（圖4-194）

圖 4-193

圖 4-194

第七節　陰部擒拿法

「陰部」，在穴脈中稱之為「下陰」。此穴位於丹田、膀胱之下，兩腿之間的上部。此部可點、可撾、可抓、可拍、可用腳蹬踹。如碰此穴，輕則疼痛難忍，重則立即身亡。所以，在穴脈中是死穴。本節特選三種招式，詳述於後。

一、後摟撩陰（後撩陰手）

用法簡介

（一）乙方從背後偷襲甲方，突然進右步至甲方兩腳之間的後部；同時，雙臂向前合抱住甲方上身。（圖4-195）

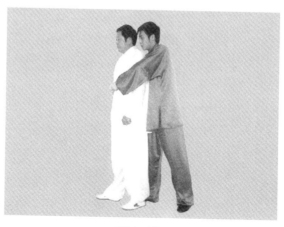

圖4-195

（二）承上式。甲方突然雙腿屈膝，重心下沉，同時頭部向後猛撞乙方的下頜，使乙方的雙臂鬆動。（圖4-196）

（三）緊接上式。甲方的左拳突然猛力向後下方撩擊乙方陰部；同時，右手變拳上舉，掙脫乙方的雙臂；目視左後方。（圖4-197）

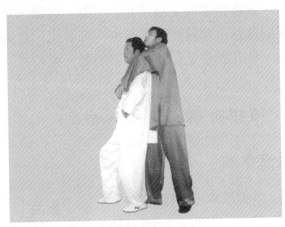

圖4-196

圖4-197

要點說明

（一）本式「後摟撩陰」，也叫「後撩陽手」。 以上已經說明，此手是死手，殺傷力特別強，效果立竿見影，練習時一定要小心，點到即止，避免不必要的傷害。

（二）此手妙在撞面脫臂，只要此招成功，撩陰就垂手可得了。當然對手如果比自己個子高或同等個子，就不必下沉，直接向後撞面就可以了。

（三）這一招法最適合後面被人摟抱住時使用，所以此法也叫「後摟解脫」。

二、揚手撩陰（哪吒探海）

用法簡介

（一）乙方進右步，並用右拳由上向前下方劈砸甲方。甲方兩腳開立，左腳在前，出左臂架住乙方劈來的右拳，拳心向右；目視乙方。（圖 4-198）

（二）承上式。甲方架攔住乙方的右臂後，向乙方的右腳後方上右步；同時，身體左轉 90°，右掌向前方撩拍乙方的陰部；目視乙方。（圖 4-199）

要點說明

（一）「揚手撩陰」一式，因為右撩陰手還可以向前擊推，使對方後倒，所以也叫做「哪吒探海」，是連打帶摔的招法。氣勢凶狠，殺傷力強。

（二）甲方第二動是進右步，走對方身外，用右腳管住

圖 4-198

圖 4-199

對方，結合左臂向前推架，右手向前拍撩，就可以將對方扔出很遠。

（三）此法關鍵是手腳協調，招法到位。但如演練時，要多加注意，因為即便是輕撞，對方也會疼痛難忍。

三、繞步托陰（順手牽羊）

用法簡介

（一）乙方用左拳沖擊甲方。甲方左腳在前用順手牽羊式，左手抓住乙方的左腕脈穴，右手抄抓住乙方的肘部曲池穴，向回抓拉，使乙方失去重心，前傾身體；目視乙方。（圖 4-200）

（二）接上式。甲方進右步至乙方身後，兩腿屈膝成馬步；同時，左手抓接住乙方左臂肘部，右手向下、向前抓住乙方陰部上托，使乙方離地前仆。（圖 4-201、圖 4-201 附圖）

要點說明

「繞步托陰」也叫「順手牽羊」。此式特別突出牽抓步

圖 4-200

圖 4-201

圖 4-201 附圖

至乙方的身後方，再抓托乙方陰部，然後把對方抓托離地。
關鍵是站穩，提抓到位，雙手配合，才顯巧妙。

第八節　腰部擒拿法

腰為人體之重要部位，能用腰者，則下盤穩固，所以腰為一身之主宰。鷹爪門擒拿術亦側重於腰部。因為此部位除脊柱外，還有許多重要穴脈經絡分布或通過於此，如入洞、鳳眼、背梁、尾龍、脊心、精促、笑腰等穴位，而且都是可點、可拿、可頂的穴位。

整個軀幹骨靠椎體間的連接，椎體又靠椎體之間的椎間盤連接而成，椎間盤又由多層交錯的纖維環及髓核構成，髓核有很大的彈性。整個脊柱可沿三個軸進行有序的運動，即繞額狀軸的屈伸，繞矢狀軸的側屈及垂直軸的回旋，此外還有環轉。與以上的運動方向相違則為錯骨。

本節特選了前攔腰、後攔腰、前車腰、後車腰四種方法的擒拿術，詳述於後。

一、前攔腰（連理同生）

用法簡介

（一）甲乙雙方面對站立。乙方抬右拳向甲方頭部砸去。甲方不等乙方右臂下落，進左步；同時，左掌托抓住乙方的右肘部曲池穴。（圖 4–202）

（二）緊接上式。甲方抓住乙方的右臂向前上方抓推；同時，進右步至乙方的兩腳之間，用右手摟住乙方的腰部，頭向前伸去。（圖 4–203）

圖 4-202

圖 4-203

（三）承上式。甲方鬆開左手，向前下方伸至乙方背後握住自己的右腕部，兩手同時向後合箍緊摟，同時用下頜力頂乙方乳上的將臺穴，而兩臂則箍壓對方的促精、笑腰兩穴，迫使乙方仰翻後倒。（圖 4-204）

圖 4-204

要點說明

（一）「前攔腰」還叫「連理同生」，為錯骨（脊椎）
點穴法，即摟住腰，下頜前頂，使脊椎反折。下頜前頂將臺
穴，兩臂緊箍乙方的促精、笑腰穴為點穴。不過此為壓箍
穴。促精、笑腰兩穴，位於腰穴之上，即腰肋的第二和第三
個縫隙之間，其左右各一，左近脾，右近肝。而笑腰穴則在
肋骨末端，其穴位下為腎臟，一但被緊箍夾壓，便會使整個
身體麻木，加之下頜用力下壓其將臺穴，此為心臟之大動
脈，一旦被點，頓覺呼吸困難。

（二）使用時，要動作連貫，進法到位，頜、手、腳三
者協調，力點準確，才能奏效。

二、後攔腰（農夫拉犁）

用法簡介

（一）乙方在背後偷襲甲方，進右步，同時用兩掌順甲方兩腋下向前合抱。（圖4-205）

（二）緊接上式。甲方發現背後有人將自己攔腰抱住，迅速用頭的後部向後猛力撞擊乙方下頜，乙方兩手即鬆，頜疼仰頭。（圖4-206）

（三）緊接上式。甲方撞頭後，迅速屈體彎腰，兩腿屈膝，同時兩手抱住乙方的右腿，目視乙方右腳；乙方屈體抱住甲方的腰部，調整重心。（圖4-207）

（四）緊接上式。甲方搬住乙方的右腿向上方搬起。（圖4-208）

圖 4-205

圖 4-206

圖 4-207

圖 4-208

要點說明

（一）「後攔腰」，實際是擺脫被對方在背後攔腰抱住緊箍的險勢，要靈活機動，巧妙應敵。

（二）此招擺脫法，甲方用頭向後撞擊是迷惑對方的手段，也屬連消帶打的方法。先消去險勢，使對方脫手，而擺脫險勢、制服對手才是目地。

（三）甲方頭向後撞的時機要把握得及時得當，不要等對方清醒以後才把對方的腿搬起來，否則，容易被對方脫逃。

三、前車腰（金鷹甩翅）

用法簡介

（一）乙方進右步，舉右臂向甲方劈砸。甲方左腿屈膝半蹲，右腿挺膝蹬直，成左高弓步；舉左掌向前上方托抓住乙方舉起的右肘部的曲池穴；目視乙方右臂。（圖4-209）

圖4-209

（二）跟「前攔腰」一樣，甲方迅速進右步至乙方兩腳之間；同時，雙手向前攔腰抱住乙方的腰部箍緊，下頜頂壓乙方的右乳上方。（圖 4-210）

（三）承上式。甲方抱住乙方，兩腳蹬地，將乙方抱住向右方甩起，使其全身騰空，再向右下方摔下。（圖 4-211）

圖 4-210

圖 4-211

要點說明

（一）「車」就是用腰把對方抱緊離地，騰空像車輪一樣旋轉，使其身體橫在空中後摔下，對方站前面用此法。此招法叫做前車腰。

（二）鷹爪門擒拿術，雖是以手制勝為特點，但仍須注重於腰，若能借助於腰力，則為高手，因為腰為一身之主宰。

（三）車身之法用得好與壞，全在於下盤穩固，車身得法，只有這樣，才能穩操勝券。

四、後車腰

用法簡介

（一）乙方在背後偷襲甲方，進右步至甲方的兩腳之間；同時，雙手從甲方的兩腋下向前穿入緊抱。（圖4-212）

圖 4-212

（二）承上式。甲方發現後面有人將自己抱住，迅速使身體重心下降，兩腿屈膝成馬步；同時，用右手抓住乙方右手腕，左臂向下撐壓；目視前下方。（圖 4–213）

（三）緊接上式。甲方俯身頂臀，右手抓住乙方的手腕不放，左手向後下方接抓住乙方的大腿後側，將乙方車起，使乙方被迫左腿離地懸空，失去重心而被摔於地。（圖 4–214）

要點說明

（一）「後車腰」跟「前車腰」相反。此種手法也是連消帶打之用法。「消」是先使對方的招式落空，再運用科學的破解方法，將對方反制。

（二）此種車身之法，從抓對方的腕部到左手接抓對方大腿和俯身向後頂背要巧妙連貫，一氣呵成，使對方沒有喘氣的機會；還要保證施術方的重心穩固。

圖 4–413

圖 4-214

第九節　腿部擒拿法

　　腿部擒拿術是對人體下肢骨的擒拿方法，主要是自髖關節以下的部分，其中包括髖關節、膝關節、小腿骨關節和足骨關節。擒拿術主要施制在膝關節的較多。

　　膝關節是由股骨的內外側髁關節面、脛骨的內外側踝關節面和髕骨的後面構成，是人體最為複雜的一個關節。它受交叉韌帶、脛側副韌帶、腓側副韌帶和髕骨韌帶的保護，所以非常牢固，正常輕易不會形成損傷。

　　膝關節的運動幅度，圍繞膝關節的額狀軸，可做小腿屈伸運動。在小腿屈伸後，可繞垂直軸做微小的旋轉運動。與以上運動路線相反，則是骨的反關節，即錯骨。

　　本節特選腿部擒拿術五式，即絞剪腿、跪壓腿、刺腿、

扛腿搓膝、折膝捆腿，現逐一詳解如下。

一、絞剪腿（金絞剪）

用法簡介

（一）甲方和乙方面對而站。乙方進左步，舉左拳向甲方的面部劈去。甲方左腳在前，左手托抓住乙方下劈來的左前臂處，虎口向上；目視乙方的左拳。（圖 4-215）

（二）緊接上式。甲方突然臥倒，兩手伏地於身體兩側；左腳伸向乙方左腳的後部，腳尖向左方勾住乙方的踝關節；右腿屈膝，用腳尖撐地；目視乙方。（圖 4-216）

（三）承上式。甲方重心前移，左腳勾住乙方的踝關節，同時右腳向上、向前至乙髖骨前方，腳面向前，目視乙方。乙見自己的腳部被控，手向下垂，準備施招；目視甲方。（圖 4-217）

圖 4-215

圖 4-216

圖 4-217

（四）承上式。甲方不等乙方還招，用右腿後部向右後方猛剪；同時左腳勾住乙方的腳向前趟踢，使兩腿形成剪子腿，迫使乙方踝關節和膝關節反折而後倒。（圖 4-218）

圖 4-218

要點說明

（一）「絞剪腿」也稱「剪子腿」，此法用法獨特，殺傷力強，是本門中的好腿法之一。雖然鷹爪門比較側重於「抓、打、擒、拿」，不過根據實際情況，也注重於腿法。武術向來有「手打三分，腳打七分」的說法，也有「手是兩扇門，全靠腳贏人」的諺語。鷹爪翻子拳中有很多好的套路，不論是十路行拳還是五十路連拳中，都有不同種類的腿法。

（二）所謂絞剪腿的使用，主要是左右腳的使用，所以兩腳配合一定要協調一致，左腳勾住向前趨，右腳後撐，這一勾一撐，便使對方左腿的膝關節反折，形成錯骨，但一定要位置準確，力量充實。

（三）在此種用法的練習時，一定要注意安全，以免受傷。

二、跪壓腿（巧拜觀音）

用法簡介

（一）甲乙面對站立。乙進左步用左拳向甲方面部砸擊。甲方左腳在前，重心後移，身體微右轉，用左掌架攔住乙方的左腕部；右拳抱於胸前方，拳心向下；目視乙方。（圖4–219）

（二）緊接上式。甲方左手向左、向下刁抓住乙方的左手腕；同時，右腳向前進步至乙方左腳和右腳之間，右掌抓按乙方的左肩後側；目視乙方。（圖4–220、圖4–220附圖）

圖4-219

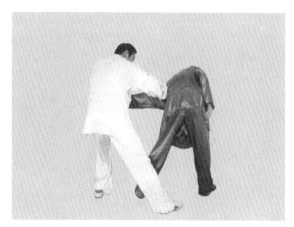

圖 4-220

圖 4-220 附圖

　　（三）承上式。甲方左移重心，右腿屈膝用膝部跪壓乙
方的左膝部後側；同時，甲方左爪向後上方提抓，右掌向下
推按乙方的左肩後側；目視乙方背部。（圖 4-221、圖 4-221
附圖）

圖 4-221

圖 4-221 附圖

要點說明

（一）「跪壓腿」也叫「巧拜觀音」，是以手臂擒拿配合膝攻腿的妙法，雖然是最後以跪壓膝取勝，但事實上還是

靠擒拿手法做基礎。

（二）此式之巧，完全以扣腕抓穴（即腕脈穴）為第一要義，這也是「手見手、無處走」的妙處。對方腕脈被抓點後，整條左臂即刻失靈，甲方則趁機進步用手接肩和跪壓腿制之。

（三）此式抓腕按臂，跪膝壓腿要連貫協調，準確力實，這也是鷹爪門招法之關鍵。

三、刺腿（撲腿法）

用法簡介

（一）甲方和乙方面對而站。乙方進右步，同時向甲方面部沖右拳，拳心向左。甲方左腳在前，重心後移，用左掌向前上方橫架住乙方來臂，掌心向前下方；右拳橫抱於胸前，拳心朝內；目視乙方。（圖4-222）

圖4-222

　　（二）緊接上式。甲方進右步至乙方兩腳後方，身體左轉 90°；同時左掌變爪，向左上方刁抓乙方右臂，右拳變掌；目視乙方。（圖 4–223）

　　（三）承上式。甲方右腳稍向前進步，徹底吃住乙方的下盤向後撐趟，左爪抓住乙方的左臂向左後方向抓拉；同時，右手卡住乙方的咽喉部向前推抓；目視乙方。（圖 4–224、圖 4–224 附圖）

要點說明

　　（一）「刺腿」，也叫做「撲腿法」，撲腿法是鷹爪門五十路連拳中的一路練法，只要練就撲腿法，刺腿用之有餘。

　　（二）此法的運用，全在於對擒手的控制，只要對方右臂被控，則此招成功，這就是所謂「一擒一拿，皆有節度，一刺一撲都有用場」。所以，刺腿之法是連消帶打，連點帶

圖 4–223

圖 4-224

圖 4-224 附圖

摔的招式。

（三）此招法特點是上步要滿，進招要快，上下並用，一舉而成。

四、扛腿搓膝（破高踹腳）

用法簡介

（一）乙方橫踹甲方面部。甲方身體右閃，重心下沉，左腿在前，使乙方的右腳落至左肩的正上方；同時，用左手摟攔乙右腿，右掌舉至頭的右上方；目視乙方腿部。（圖4-225）

（二）承上式。甲方重心前移，左腿屈膝平蹲、右腿提膝蹬直成左弓步；同時身體左轉90°，右手向前接抱住乙方的右膝關節處；目視乙方。（圖4-226）

（三）承上式。甲方兩手合抱住乙方的右腿順勢放在左肩上；目視乙方。（圖4-227）

（四）緊接上式。甲方兩手卡抱住乙方的右腿，提右腳用力橫踹乙左腿的膝關節；目視乙方。（圖4-228）

圖 4-225

圖 4-226

圖 4-227

圖 4-228

要點說明

（一）「扣腿搓膝」是鷹爪門擒拿術中的膝部擒拿術，用此方法破解高踹腿十分得勁，但因高踹腿勁力猛烈，不易攔截，只能順勢閃臂抄手進身，先控制對方踹來的右腿，才能向下施招破勁搓腿。

（二）此式施制，主要是鷹爪門點穴錯骨，即兩手得對方腿後，迅速以手擊按對方的委中穴，使對方的右腿疼痛而失去抵抗能力，再乘機提起右腿搓擊其膝關節，使其關節反折而受搓。

（三）轉身搓腿時，要以腰的擰轉為動力，既要扛住對方的右腿，還要含一個向左方擰腿的螺旋勁，使對方失去重心，而加強搓膝的殺傷力。

五、折膝捆腿（倒地擒腿法）

用法簡介

（一）甲方在後偷襲乙方，突然進右步至乙的兩腳之間；同時，用兩手拿抱住乙方的膝關節，向回摟抱，身體前俯，用右肩前頂乙方的臀部；目視前下方。（圖4-229）

（二）乙方被甲方摔伏在地。甲方右手抓按住乙的右腳跟處往下按；同時，左手抓住乙方的左腳向上方舉起，手心向前；目視乙方。（圖4-230）

（三）緊接上式。甲方身體前傾，右手不變，左手將乙方的小腿抓按至右腿膝關節的上面；目視乙方腿部。（圖4-231）

圖 4-229

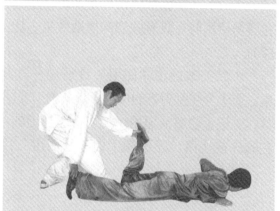

圖 4-230

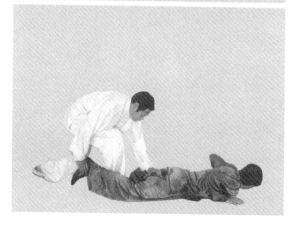

圖 4-231

（四）緊接上式。重心前移，右腿屈膝半蹲、左腿挺膝蹬直成右弓步，甲方抓住乙方的右腳將之壓按在乙方的左腿上面，使乙方兩小腿屈疊被控；目視乙方兩腳。（圖4-232）

（五）承上式。甲方重心後移，右腳踩住乙方反折的腳面向下用力踩壓；目視乙方。（圖4-233）

要點說明

（一）「折膝捆腿法」是非常奇特巧妙的腿部擒拿術，在得勢使用時，具有強烈的擒敵效果，能使對方毫無反抗的能力。

（二）本式法的使用，特別是在對方向前仆地後的使用，要十分注意對方的反應，以防對方變招反撲。

（三）要靈活運用，比如折壓對方的兩腿時不要拘於左右的先後次序，怎麼順手則怎麼使用，目的是讓其自相折

圖4-232

圖 4-233

壓，其力點折在膝彎處和踝關節處，只有這樣，才能使對方的膝踝關節均受制而喪失一切反抗能力。

第十節　巧奪匕首

匕首，即短劍，一尖雙刃，長不及尺，鋒利無比，隨身攜帶方便。使用起來，殺傷力強，尖鋒向外，威脅甚大。從歷史到現在，都是一些遊俠行刺者攜帶的上選武器。現在很多公安幹警皆用匕首護身，一些違法的歹徒也用此器危害人民的生活安全。

本節選用接腕進步別肘法、搓腕夾肘前奪法、抓肘卡嗉外奪法、纏頸捆臂後奪法四式，以供廣大公安幹警以及武術愛好者研究參考。

一、接腕進步別肘法

用法簡介

（一）甲乙雙方面對而立。乙方進右步；同時，右手直握匕首向甲直刺，手心向左；目視甲方。甲方見乙方的匕首將至，身體重心迅速後移，右腳在前，向左轉身；並用含胸法，右手抱於胸前方，掌心向左；左掌附於右胸前；目視乙方。（圖4-234）

（二）承上式。甲方身體右轉，用右手接抓住乙方的右腕脈穴，掌心向右前方；左手附於右胸前，手心向下；目視乙方。（圖4-235）

（三）緊接上式。甲方進左步；同時，右手刁抓住乙方的腕部向右後方抓帶，左手變爪，抄抓住乙方肘部的曲池穴，虎口向前方；目視乙方。（圖4-236）

圖4-234

圖 4-235

圖 4-236

（四）承上式。甲方再進右步至乙方兩腳的後部；同時，兩手各抓捏其腕脈穴和曲池穴，使乙方右臂屈肘成 90°角，接著右掌再抓住乙方的右腕向前、向下壓別，迫使乙方身體向後仰倒，甲方順手取其匕首；目視乙方。（圖

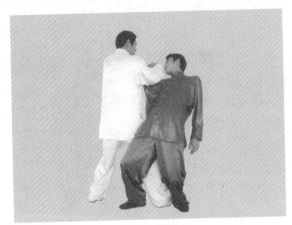

圖 4-237

圖 4-237 附圖

4-237、圖 4-237 附圖）

要點說明

（一）「接腕進步別肘法」的使用，以接腕擒拿為基

礎，進步吃住對方下盤是過程，而別肘奪刀是目的。所以自接腕開始，施用點穴之法，使對方的右臂首先被控制住，然後用腿管住對方下盤，才能保障別肘的成功，而別肘成功之後，才能達到巧奪匕首的目的。

（二）此法的施用，必須準確巧妙，一環緊套一環，直至成功。

（三）凡遇對方逞凶，又有凶器在手時，關鍵是要膽大心細，切不可驚慌失措，畏縮失神，如自亂章法，則會反被敵傷。這就要求既要熟練克敵技巧，又要有不畏強敵的精神。第一式接手一定要準確無誤，不出則已，出則一舉制伏敵手。

二、搓腕夾肘前奪法

手法簡介

（一）甲方和乙方對峙。乙方右腳在前，右手握匕首，使鋒刃向下，虎口向上，抬臂舉起向甲方刺去。甲方見乙方舉匕首向面部刺來，速將頭部向左躲閃，讓過匕首；同時左掌前伸，掌心向右；右掌抱於胸前；目視乙方刺來的匕首。（圖 4-238）

（二）緊接上動。甲方重心上移，用左掌托抓住乙方的右腕脈穴；目視乙方。（圖 4-239）

（三）緊接上動。甲方緊抓住乙方的右腕，向左前方內旋擰推，同時身體右轉 90°，用左臂夾住乙方的右臂，重心下沉，左手向上托抬，右手準備奪其匕首；目視乙方刺來的匕首。（圖 4-240）

圖 4-238

圖 4-239

圖 4-240

（四）承上式。甲方用右手抓握住乙方的右手背向前上方猛搓，同時，身體前俯，左轉下壓，使乙方右臂的肘關節反折而俯身跪地；目視乙方頭部。（圖 4-241）

圖 4-241

要點說明

（一）「搓腕夾肘前奪法」是空手奪白刃的一種方法，是針對敵方從前上方刺來的奪取方法，也叫做「倒抓犁把式」。這種奪取方法，是先避過鋒刃，左手抓住對方的右腕脈穴使其右臂失去能力，然後用擰臂閃身夾肘，佔據有力地勢，消去對方的威力。

（二）奪取凶器，第一要義是首先把拿凶器的手臂控制住，然後是躲頭、閃身的時機掌握，最好是在對方的凶器似到非到之時接招抓腕，時機早則對方容易變勢，不但接腕不住，反而被害；時機晚則被對方刺著傷身，所以說「沾衣鎖手、近拿為妙」。

（三）本式接抓對方右腕，抓腕的穴位要準確，力量要充實，虎口要對準小指腕關節，只有這樣才能增大扭腕的幅度，增強扭搓力度。

（四）從接抓對方右腕，至身軀的含胸右轉、扭轉對方右臂都要巧妙連貫，一氣呵成。扭擰對方右臂用上螺旋勁，擒抓搓腕下壓則是槓桿勁，所以此招法是點穴、錯骨、螺旋、槓桿力綜合的巧妙的運用。

三、抓肘卡嗉外奪法

用法簡介

（一）乙方上右腳，右手直握匕首向甲方胸部直刺；目視甲方。甲方面對乙方，當乙方用匕首刺來時，含胸轉體，向左開半步；雙掌抱於胸前，左掌在前，掌心向右；右掌附於左上臂內側；目視乙方刺來的匕首。（圖4-242）

圖 4-242

（二）緊接上式。甲方左腳前進半步；同時左手變爪，扣抓住乙方的曲池穴，虎口向上；目視乙方。（圖 4-243）

（三）緊接上式。甲方重心移至左腿，用右腳踹乙方的右膝關節後側，左手抓住乙方肘關節向上托舉，右手附於胸前；目視乙方腿部。（圖 4-244）

圖 4-243

圖 4-244

（四）承上式。甲方的右腳落到乙方的兩腳後方，重心下沉，兩腿屈膝半蹲成馬步，右手抓卡住乙方的咽喉向前下方推按，左手用力抓捏乙方的曲池穴部位向前下方推抓，迫使乙方向後仰倒。（圖4-245）

圖4-245

要點說明

（一）「抓肘卡嗉外奪法」是根據對方右手直刺胸部而採取的擒拿手法，直至進步到乙方的身體右外側而奪取凶器。

（二）此法用法巧妙，克敵性強，是鷹爪門空手奪白刃的妙招，但上、中、下盤一定要配合默契，特別是抓肘蹬腳一定要力量充實，位置準確，兩手向前下方抓推再壓一定要吃住對方的下盤才能順利完成。

（三）卡嗉的捏掐要巧妙到位，一定要使對方的身體仰倒，使對方疼痛難忍，持凶器之手鬆開。

（四）抓肘時一定要點拿對方的曲池穴位，只要點中就可以使對方右臂麻木而失去進攻的能力，為下面的踹腿、卡嗓、吃住下盤打下良好基礎。

四、纏頸捆臂後奪法

用法簡介

（一）乙方兩腳前後開立，右腳在前，右手持匕首舉臂下刺，拳心向右，刀尖向甲方。甲重心下沉，左腳前伸，右腿屈膝半蹲成左虛步；左掌在胸前準備迎接乙方之右臂，掌心向內下方；右拳抱於腰右側，拳心向左；目視乙方右手。（圖4-246）

（二）緊接上式。甲方重心前移，左腿屈膝半蹲、右腿挺膝蹬直成左弓步；同時，左手托抓住乙右臂肘部，掌心向上，虎口向前；目視乙方刺來的匕首。（圖4-247）

圖4-246

圖 4-247

　　（三）緊接上式。甲方左手托抓住乙方的右肘不放，抬起右腳蹬踹乙方的右腿膝關節的後側；目視乙方。（圖4-248）

　　（四）承上式。甲方右腳在乙方的身後落步，身體向左

圖 4-248

轉 90°；同時用右臂箍壓乙方的頸部，迫使乙反背後折；目
視乙方右臂。（圖 4-249）

圖 4-249

（五）緊接上式。甲方的左手向前抓住乙方的肘部向前
下方推送，右手就勢抓住乙方的右腕部向外、向下擰轉，迫
使乙方腕部受制而扔掉手中的匕首。甲方再用右腳蹬踹乙方
的右膝關節後部，乙方自然後仰跌倒而徹底被擒。（圖
4-250、圖 4-250 附圖）

要點說明

（一）此式擒拿術，是針對對方進右步橫握匕首向頭部
反手刺來的解破奪取方法，比較複雜巧妙，需要很強的功法
技巧。而此手的制敵效應非常強烈，是鷹爪門中一種非常奇
妙的擒拿招法，所以，這種方法也可以用於奪取一切短小的
凶器。

圖 4–250

圖 4–250 附圖

（二）凡是對方橫握匕首橫向刺來的用法，其威力比較強，因為橫向的使用範圍比較廣，難以防破。破解法是直向截肘，並緊緊抓推其肘部之麻筋，使對方整條右臂失去知覺，我則趁勢而進身使法破敵。

（三）纏頸必須蹬腿在先，破其挺力後才能得心應手。

蹬踹腿的動作，要用彈、寸脆力，使對方一驚，再順機進腿纏頸捆臂。

（四）對方向後反仰時要注意左、右手的配合，要順勢輕取對方的右腕反扳。此時，對方完全喪失了反抗能力，雖有凶器，反為負擔，即可隨手輕取之。

第十一節　巧奪單刀法

單刀，是武術項目十八般兵器短九件中的一種。其長短則根據自己身高而定，一般是使用者垂臂抱刀，刀尖對準耳朵下緣為宜。刀的使用方法主要有撩、砍、劈、刺、抹、斬、輪、扎、纏頭裹腦，結合左手的手花，構成刀術。俗話說：「單刀看手，雙刀看走。」刀的殺傷作用是非常猛烈的，故有「刀似猛虎」之說法。但擒拿精處，卻有徒手奪刀之妙。出刀必出手，見手即用招，招到精湛處，單刀即脫手。空手奪白刃的經驗是，進則進個滿，退則退個遠，進滿則刀無法施展，退遠則刀砍你不著，刀即失去作用。

本節特選斬腕切頸奪刀法、掰肘蹬膝奪刀法和夾肘點腕奪刀法三式，以供大家研究。

一、折腕切頸奪刀法

用法簡介

（一）乙方面對甲方，進右腳；同時，右手持刀向甲方胸部刺去，刀刃向下；左掌附於胸右側；目視甲方。甲方面

向乙方，當乙方握刀前刺之時，迅速將身體向左閃躲，右拳抱於胸前，左掌前伸至刀的外側，掌心向右；目視乙方。（圖4-251）

（二）承上式。甲方左腳前進半步，左腿屈膝半蹲、右腿挺膝蹬直成左弓步；同時，左手變爪向右前方抓扣住乙方的腕脈穴，爪口向內，右手不變；目視乙方。（圖4-252）

圖4-251

圖4-252

（三）緊接上式。甲方的右手向前抓住乙方握刀把的手掌外側向前上方折推，迫使乙方手腕後折，左爪配合右手使乙方手腕反折；目視乙方。（圖 4-253）

（四）緊接上式。甲方順乙方頂抗折腕之時，迅速進右步至乙方兩腳的後方吃住其下盤，兩手繼續反折乙方右腕，使刀刃橫向乙方頸部；目視乙方。（圖 4-254）

圖 4-253

圖 4-254

（五）承上式。甲方抓住乙方的雙手繼續向乙方的咽喉處推刀，使刀橫斬乙方的咽喉。（圖 4-255、圖 4-255 附圖）

圖 4-255

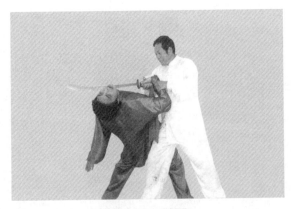

圖 4-255 附圖

要點說明

（一）「折腕切頸奪刀法」 的重點在於折腕，用之過度才切頸喉，其目的是奪取單刀。如果折腕後下盤再管住對方的雙腿，只用鷹爪門的刺腿法，就可將對力制服，但目的是奪刀擒賊。

（二）本式關鍵在第一動，避刀進身，扣拿對方持刀之右腕，並扣點其腕脈穴、陽池穴和陽谷穴，使對方右臂麻木無力。

（三）右手的抓拿點更要準確，必須拿住對手的右掌指及刀把，與左爪相配合，擰腕捲推，再封其下盤，即可制服對方。

二、掰肘蹬膝奪刀法

用法簡介

（一）乙方面對甲方，右腳進步，同時右手持刀向甲方頭部劈來，左拳架於頭左上方。甲方面向乙方，當乙方舉刀向下劈落時，身體向右閃躲，右拳抱於胸前，左手前伸至左胸前，準備接招；目視乙方單刀。（圖4-256）

（二）承上式。甲方重心前移，左腿屈膝半蹲、右腿挺膝蹬直成左弓步，左掌變爪向左前上方接抓住乙方的右腕部，爪口斜向前下方，爪心向外，右拳抱於胸前，拳心向內；目視乙方劈來的刀把。（圖4-257）

（三）緊接上式。甲方左手抓住乙方的右腕不放，右手向上抄抓住乙方的肘關節下部；同時，右腳抬起，向乙方的

圖 4-256

圖 4-257

膝窩踹去;目視乙方。(圖 4-258)

（四）承上式。甲方雙手配合,迫使乙方的肘臂彎曲,左手向外下方掰壓,右手向外上方托舉;同時,右腳向右下方繼續猛蹬,隨即左手奪取單刀。（圖 4-259、圖 4-259 附圖）

圖 4-258

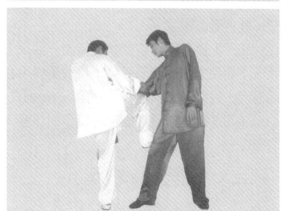

圖 4-259

圖 4-259 附圖

要點說明

（一）掰肘蹬膝奪刀法，是掰在先，蹬膝助於掰肘奪刀。本招法在對方當頭劈刀的危險形勢下，臨危不懼，迎刃閃進，使外掰肘之錯骨手法先制住對方的右臂，然後再蹬踏對方膝後彎處，迫使對方後仰反跌，實為勢險法妙。同樣，用此種方法還可以奪取類同的兵器，如短棍、錘、劍等。

（二）本招法的使用，關鍵在於閃身逼進，特別是閃身接腕的時機要掌握得當，才能使對方不能變招，否則對方一變，就很難取勝了。

（三）掰肘與蹬膝動作要協調一致，上要使對方右臂錯骨，下要使對方的膝部受傷，特別是雙手必須點中腕脈穴和曲池穴，只有這樣才能事半功倍，一舉而就。

（四）此式在平常操練時要多加注意，以免遭受不必要的傷害。

三、夾肘控腕奪刀法

用法簡介

（一）乙方兩腳前後開立，右腳在前，右手持單刀向甲方劈來。甲方面對乙方，左腳在前，見乙方單刀將至，身體略向左閃；目視乙方腕部。（圖 4-260）

（二）承上式。甲方左腳前進半步至乙方的右腳後，隨之右腳前跟半步；同時左手抓住乙方的右腕脈穴，掌心向右，右掌附於身體的右前方；目視乙方的單刀。（圖 4-261）

圖 4-260

圖 4-261

　　（三）緊接上式。甲重心移至左腿，左手抓住乙方的手腕向右、向下抓擰；同時用左臂夾住乙方的右肘臂，左手向前上方抓抬，左上臂向下夾壓，迫使乙方肘關節反折；目視乙方的右手。（圖 4-262）

圖 4-262

（四）承上式。甲方再用右手抓住乙方的右手，左、右手同時向上抓舉，左臂夾住乙方的肘臂再向下夾壓，迫使乙方伏地被擒，順勢奪取單刀；目視乙方。（圖 4-263）

圖 4-263

要點說明

（一）此式夾肘控腕奪刀法，式法簡單好用，容易上手，殺傷力極強，屬本門派中的上乘手法。

（二）此式的使用主要是夾肘控腕，而做到夾肘控腕又全憑平時的基本功練習。基本功的練習須得其法，才能學以致用，立竿見影。

（三）抓腕取穴，是本門派中典型的應用手法，只有對腕脈穴施控，下面才能得心應手地使用。然而控腕夾肘的使用，必須結合步法的到位，要做到腳到、眼到、手到的協調配合使用。俗話說：「腳到手要到，打人如拔草；手到腳不到，技術不得妙。」總而言之，就是手、眼、身法、步的協調配合問題。

第十二節　巧奪槍棍法

槍，是武術器械中長九件中的一種，是長器械。它由槍身、槍頭和槍纓組成；槍一尖雙刃，呈魚背形。槍的高度以持槍人直臂上舉對準指端為宜。棍也是長兵器的一種，一般用白臘杆子做成。古代還有混鐵棍之說，當然要根據自己的力量而定。棍的高度，一般以等於自己的身高為宜。棍的威力很大，所謂「槍扎一條線，棍打一大片」。

「槍怕搖頭棍怕點」，說法甚多，在此不加多說。本節著重講解擒拿法如何利用巧妙的招法奪取使用槍棍人的槍棍。現特選編絞臂封門奪槍法、穿掌蹬腳奪棍法和鱉肩撬襠

奪棍法供大家研究參考。

一、絞臂封門奪槍法

用法簡介

（一）乙方進左步，左手心朝上，右手心向下，雙手端槍向甲方頭部刺去；目視甲方。甲方見乙方槍尖刺來，身體下蹲，頭向右閃過，雙掌抱於胸前，做防衛動作；目視乙方刺來的槍尖。（圖4-264）

（二）緊接上式。甲方右手向上抓住乙方刺來的槍杆的前端，虎口斜向下，左手抱於右胸前；目視乙方。（圖4-265）

（三）承上式。甲方進右步；同時再用左手向前抓住槍杆的中部，虎口斜向上；目視乙方。（圖4-266）

（四）承上式。甲方再進左步至乙方兩腿的後方，管住

圖4-264

圖 4-265

圖 4-266

乙方下盤；同時使槍的下端伸向乙方右膝關節的後側；目視乙方。（圖 4-267）

（五）承上式。甲方身體前伏，同時以槍杆的左側端向左後方搬撥乙方的右膝關節後側，向前推槍杆的右側端，逼

圖 4-267

圖 4-268

使乙方仰躺在地上。（圖 4-268）

要點說明

（一）此式奪槍的方法，動作雖然不太複雜，但卻是奪

取長兵器的一種巧妙方法。以槍杆的槓桿作用，使左搬右推的方法，加之左腿管住對方的下盤，對方只有仰倒被俘。

（二）要式法連貫，重心穩固，上下協調，近逼對方，還要順勢借力，不要停頓，不要鬥力硬扳。

（三）當槍頭刺來，頭要閃得過；右手抓槍杆要抓得住。頭閃不過被刺著，手抓不緊脫手破勢，慎之。

二、穿掌蹬腳奪棍法

用法簡介

（一）乙方進右步，同時雙手持棍向甲方頭部劈點。甲方見乙方持棍進攻，身體重心下沉，右腿屈膝下蹲，左腿略屈前伸，左掌向前上方接迎，掌心向右方，右拳抱於胸前；目視乙方。（圖4-269）

（二）緊接上式。甲方重心上起，左腿屈膝半蹲、右腿

圖 4-269

挺膝蹬直成左弓步；同時左掌向左上方迎接並抓住乙方點刺
來的棍的前端，右拳不變；目視棍身。（圖4–270）

（三）承上式。甲方用右手再抓住棍的中間部位；目視
乙方。（圖4–271）

圖4–270

圖4–271

（四）緊接上動。甲方左移重心，提右腳向乙方握棍的右虎口處貼棍前蹬；同時雙手抓棍向左後方猛抽；目視右腳。（圖 4-272）

圖 4-272

要點說明

（一）穿掌蹬腳奪棍法是鷹爪擒拿術中的經典手法，該手法簡便易學，方便好用，不論是棍，還是扁擔、長槍、長杆等長器械，都可以用此法進行破解。

（二）第一動的迎抓對方進攻棍，也可用穿掌破解，總之，怎麼好用就怎麼使。

（三）蹬腳動作，目的是蹬對方握棍之手，要與雙手回抽相配合，蹬和抽要同時進行。如果蹬到對方的左手把，左把脫手後，雙手向上、向回挑把，乙方右手即可脫手，從而達到奪棍的目的。

三、瞥肩撬襠奪棍法

用法簡介

（一）甲乙相對站立。乙方進左步，雙手持棍向甲方劈點。甲方見乙方的棍頭將至之時，身體重心下沉，右腿屈膝、左腳前伸成左高虛步，右掌附於胸前，左掌向前上方出迎；目視乙方。（圖4-273）

（二）緊接上式。甲方重心上起，左腿屈膝半蹲、右腿挺膝蹬直成左弓步；同時，頭向左閃，用右手迎抓住棍的上端，左掌附於右上臂的下側，掌心向右；目視乙方。（圖4-274）

（三）緊接上式。甲方重心前移，用左手向前抓住乙方握棍的左手掌，虎口朝前，右手抓住棍向右下方擰抽。（圖4-275）

圖4-273

圖 4-274

圖 4-275

（四）甲方抓住乙方的左腕脈穴，向後抓拉；同時左腳退步，右手持棍上端向上舉撥乙方的上臂，棍後把端抽向乙方襠部；目視乙方。（圖 4-276）

圖 4-276

（五）承上式。甲方抓住乙方的左手腕不放，同時進左步至乙方的左腳後方，吃住乙方下盤；右手握棍，向前方推撬乙方的右腿；目視乙方。（圖4-277）

圖 4-277

（六）承上式。甲方身體前俯，右手握住棍繼續向前推撬乙方，迫使乙方倒地。（圖 4-278）

圖 4-278

要點說明

（一）本式奪棍法動作比較複雜，用法巧妙。其特點是，想奪取長物，先取一手，巧妙地運用槓桿原理進行蹩肩挑襠，使對方跌倒而達到奪棍的目的。

（二）首先抓取對方的左手是非常關鍵的一式，而且還要虎口向前狠抓，先使其左臂喪失反抗能力，這就是所謂的連消帶打。

（三）接杆取手，運棍蹩肩，進步推棍，幾個動作一定要巧妙連貫，一環緊套一環。但要注意推棍時看棍的下端是否挑在乙方的襠內，只要挑在襠內，那就上能蹩肩，下能挑襠，上下同制，無有不勝之理。

（四）進步管住對方下盤也很重要，只要管住對方的下盤，對方就無處可逃了。當然，話雖好說，要運用到實際中去，卻不是那麼容易的事。最關鍵的是，要臨危不懼，應對自如，不慌不忙，所謂「一膽、二力、三武術」，就是這個道理。

第十三節　巧奪手槍法

古人爭殺，皆使用大刀長矛、弓弩短劍，而今隨著社會的不斷發展，現代的手槍步槍早已經代替了過去的大刀長矛，手槍是現在歹人作案、傷人使用的武器，也確實是殺人的利器，指扣扳機，一觸即發，就是精練技擊者，赤手空拳也不能與持手槍者相交鋒。

繳器法中繳別的長短兵器容易，而繳手槍則難矣。但也不是一點破解的方法沒有，如若猝然遇敵，敵人用手槍相逼，且迫及己身，如不用招破解就危及生命，就不如施用奪槍法以制之，以保性命。

本節特選接腕反折奪槍法、搓腕折肘奪槍法、拿腕夾肘奪槍法和接腕扛臂奪槍法，現詳述於後。

一、搓腕反折奪槍法

用法簡介

（一）乙方兩腳自然開立，右腳在前，面對甲方，用右手拿手槍直指甲方面部。甲方兩腳開立，左腳在前；兩手下

垂於左右兩側；目視乙方手槍。（圖4-279）

　　（二）緊接上式。甲方身體迅速向左躲閃；同時，用左手狠抓乙方持槍手的腕脈穴，向右推，左手變拳垂於身體右側，拳心向內；目視乙方所持手槍。（圖4-280）

圖4-279

圖4-280

（三）承上式。甲方左手抓住乙方的腕部不放，再用右手抓搓乙方右手的手背，向上搬擰，使乙方所持手槍向前上方；目視槍身。（圖4-281）

（四）緊接上動。甲方右腳前進一步至乙方兩腳之間的後方，左手配合右手繼續向前、向下搬擰，使槍口直指乙方咽喉，迫使乙方身體向後仰倒。（圖4-282）

要點說明

（一）「搓腕反折奪槍法」是現代擒拿術中的重要用法，特別適用於警察擒捉歹徒，其關鍵是抓搓對方手腕的位置和反折力點的巧妙結合，即點穴錯骨法。

（二）此法貴於神速，否則反遭傷害。當然面對利器而臨危不懼不是一件容易的事情，這就要求有一個健康良好的心理素質。

（三）下盤管腿，也是很重要的一環，只有管住下盤，

圖 4-281

圖 4-282

才能使對方沒有退路，造成其失重後跌。

二、抓腕別肘奪槍法

用法簡介

（一）乙方兩腳開立，右腳在前，面向甲方，右手持槍指向甲方胸部；目視甲方。甲方見乙方用槍指向自己，兩腿彎曲成高虛步，兩手橫抱於胸前；目視乙方手持的手槍。（圖 4-283）

（二）緊接上式。甲方前移重心，左腿屈膝半蹲、右腿挺膝蹬直成左弓步；同時左手抓住乙方的手腕向前上方推舉，虎口向上，右拳抱於腹前，拳心朝內；目視乙方握持的手槍。（圖 4-284）

（三）緊接上動。甲方左手抓住乙方的手腕向左側搬拽，同時進右步至乙方兩腳後側，身體左轉 90°，右手從乙

圖 4-283

圖 4-284

方右上臂下穿過，掌心向左方；目視右掌。（圖 4-285）

（四）承上式。甲方的右掌向左上方搬住乙方的右腕部向前下方摟搬，迫使乙方身體向後倒仰；目視乙方。（圖 4-286、圖 4-286 附圖）

圖 4-285

圖 4-286

圖 4-286 附圖

要點說明

（一）「抓腕別肘奪槍法」是外掰肘的奪槍方法，此法簡單明瞭，巧妙好用，是鷹爪門擒拿術中點穴錯骨的用法典範。

（二）該式關鍵在第一動的拿腕動作，一是要提腕準確，二是要力度充實，屬陰柔勁之拿法，三是一定要拿住對方的腕脈穴、陽池穴和陽谷穴。第一動如做好，使對方的右臂完全喪失反抗能力，就能為別肘奪槍打下良好基礎。

（三）進步吃住對方的下盤也是非常重要的。對方下盤被控，失去退路，加之上部別肘的疼痛，只有後跌俯首被擒，手槍自然被奪。

（四）此法貴在連貫協調，連貫則對方無機可乘，協調則用法準確無誤。

三、拿腕夾肘奪槍法

用法簡介

（一）乙方兩腳前後站立，右腳在前，右手持槍指向甲方。甲方兩腿微屈，左掌前置於胸前，掌心向右，右手自然下垂於身體右側，準備進招；目視乙方的手槍。（圖4-287）

（二）承上式。甲方突進左步至乙方的右腳後方，吃住乙方下盤；同時，身體右轉 90°，用左手抓扣住乙方的右腕部，虎口向上；目視乙方的手槍。（圖4-288）

（三）接上式。甲方抓扣住乙方之右腕向外、向前推

圖 4-287

圖 4-288

擰；同時，身體向右轉 90°，並用左臂夾壓乙方的肘關節，右手順勢抓住乙方的手背；目視乙方。（圖 4-289）

（四）甲方重心左移至左腿，右手抓住乙方的手背反折並取槍上推，左臂夾壓住乙方的右臂下壓，左腿膝部前頂住乙方膝關節的後側，迫使乙方伏地被擒。（圖 4-290）

圖 4-289

圖 4-290

要點說明

（一）本式是在危機關頭迅速做出果斷決定，並付之以閃電似的行動。第一動閃展拿腕，首先擺脫危急，使對方的

槍口指向它處。

（二）拿腕的目的是夾肘，以更加牢固地控制對方整個右臂，所以，從拿腕就得抓扣要穴，使對方整個右臂失去自控能力，夾肘才能順利完成。

（三）夾肘以後，拿腕的手也不能放鬆，要使對方的手與肘形成一個槓桿式的反折，重搓對方的肘關節，使對方劇痛難忍，無法再顧及手中的手槍，隨之右手順勢輕取之。

（四）為了保險起見，我左膝關節緊頂對方的膝關節的後側，迫使對方劇痛難忍，跪地被俘。

四、接腕扛臂奪槍法

用法簡介

（一）乙方兩腳前後開立，右腳在前，右手持槍指向甲方；目視甲方。甲方身體重心下沉，左腿屈膝，右腿前伸，左掌附於胸前，右手準備迎接乙指來的手槍；目視乙方的手槍。（圖 4-291）

（二）緊接上式。甲方右腳活步，向前進半步屈膝半蹲，左腿挺膝蹬直，成右弓步；同時，身體向左閃展，右手向前上方迎抓住乙方的右手腕，掌心朝右上方，左掌附於右上臂下側，掌心向右；目視乙方。（圖 4-292）

（三）承上式。甲方左腳迅速前進一步，身體向右後方轉體 180°，右手緊緊抓住乙方的右腕向右、向前上方抓托；同時，左手托抓住乙方肘關節的下側，掌心向上，虎口朝後，順勢將乙方的右上臂扛在左肩上，使對方的右上臂形成反折之勢。（圖 4-293）

圖 4-291

圖 4-292

圖 4-293

（四）承上式。甲方用右手抓扣住乙方的腕部，左手抓住對方的肘部曲池穴向前、向下用力快速搬壓、摟抱，左肩暗勁上頂，迫使乙方身體向前撬跌被俘。（圖4-294）

圖 4-294

要點說明

（一）「接腕扛臂奪槍法」也叫做「控臂擔肘前摔法」。其式法巧妙，效果明顯，殺傷力大，輕者斷臂骨折，重者危及生命。不到不得已時不用此種毒手。

（二）雙手的抓扣一要準確、二要用力，一定要使對方迅速失去反抗能力，然後進步扛臂制勝。右手要扣壓住腕脈穴、陽池穴和陽谷穴，左手要狠扣曲池穴，此兩抓是以敗取勝的基礎。

（三）進右步要快速到位，不快對方則變，不到位則下一招難施。俗話說「手打三分腳打七，勝人全憑腳下疾」

「拳來不易防，因其快；腳來不易躲，固其疾」，所以腳的快速到位是非常關鍵的。總之，此招的用法，全憑快速連貫，方法準確，進步到位，上下協調。

附　錄

　　繼承和發揚傳統武術的精華，學習、研究優秀拳種和名家的理論、技術、經驗，是練好武術的一條捷徑。鷹爪翻子拳的內容比較豐富，其理論文章比較系統科學，所以，研究這些理論文章，無疑對我們認識武術、提高武術的技術水準，掌握武術的巧妙知識都有裨益。

　　現將陳子正先師的《拳術摘要》（1917年曾出版）、《鷹爪翻子拳譜》、劉法孟先師的《論鷹爪翻子拳功法》各十篇短文和張星一在首屆世界傳統武術論文報告會的獲獎論文——《以鷹爪翻子拳為例，對傳統武術的整理、繼承與推廣的研究》附錄其後。訛誤之處在所難免，因此，僅供武術界人士和愛好者參考。

陳子正論拳法

一、健身論

　　拳術之所以防身，夫盡人而知矣。而練拳可以健身，則知者甚寡。

　　蓋人身筋肉愈運動，愈發達；愈靜止，則愈削弱。此為

生理之公理。武人所以強，文人所以弱，概動靜中間耳。

常用臂者，則臂健；常用腿者，則腿強。彼堅如鐵石，壯如獅豹，頭碎瓦礫，手斷鐵石，腹折刀槍，足凋牆壁，為吾人所目見耳聞者，何非由練習而來哉。

且學校所提倡各種運動，非不能收健身活血之益，然法多限於局部運動，而少連貫周身各部之法，故多偏於增加脂肪，少能使筋肉之組織緻密。而能兼此數長，絕無其短者，厥為拳術。

況臨敵應用，日常自衛，尤係拳術之專長，更非其他運動所能望塵追及。然則拳術之利人，又豈止健身而已哉。

二、沉靜論

拳術門類雖繁，欲精其術，皆要以沉靜為主。能沉靜則外欲不擾其心，聚精會神，窮其蘊，探其奧，久之雖不覺而卻得心應手矣。

大凡拳術名家，多出於僧道。夫僧道究有何長？其能致精極妙，無非寡私慾，能沉靜耳。沉則氣不污囂，靜則心不燥妄，心氣合一，則手眼身法步，心神意會，乃能聯成一致。吾輩青年，尚能練拳而入以沉靜，又豈讓僧道獨步哉！

況拳術手法，習之愈高明者，其變化必愈神速；習之愈輕浮者，愈難得其神髓。拳術家有言曰：「練拳本粗事，然非精細者不能極其粗；練拳主動，然非沉靜者不能用其功。」誠哉，其經驗之談也。

予常見世之練拳者，工夫極大，終無神化之技。彼囂然自以為功力俱到，而不知靈矯之終無所得也。蓋拳術之有形者，可以口傳，可由工夫而得；無形者，非第口不能談，即

腦筋亦難揣想，若非苦心研究，詳加推敲，滌慮洗心，沉寂覺悟，斷難索其奧妙也。故練拳第一要義，即為沉靜。

三、自然論

自然者，不加勉強之謂也。夫練拳非難，所難者自然耳；練拳無患，所患者不自然耳。

欲達自然之境，實非一朝一夕之功、一曝十寒之力所能致。必先沉其心，靜其氣，優游嫻習，指導有人，致力無誤，始能漸入自然之境。若徒恃蠢悍力量，慓輕勇氣，匪惟一生不能問津，且適足以殺身而已。

且夫自然者，乃拳術家升堂入室之所學，實非泛泛初學者所能悟徹。如練習時不加勉強，從容赴節，手足紓徐自然，隨我之意，腦筋清醒，自然健我之身；不必努力，各部之力自達；不必求速，動轉自然靈敏。此無他，皆自然之功也。

大凡練拳術者，多半無力而嘔力，惟恐遲緩而奔騰，殊不知無力嘔力則傷血，不速求速則傷氣，氣血俱傷，所收功效極少，所傷內臟甚巨，其各部所增加之力，乃外力非內力，所勉強成之速，乃難持久也。

無內力俱不可持久，一與各家相較，不敷時必遭失敗。此可見無自然功夫，徒恃血氣之勇，實不足以大有為也。

自然與練拳之關係如是密切，學者不可不知，尤不可不慎！

四、內功論

我國武術派別甚繁，然未有不以氣功為主者。氣功即內

功也。蓋氣為力之先導，無氣則不能有力。第因功夫大小不同，而運氣之能力亦殊，有氣運丹田謂之內功，氣運周身乃得內功之精矣。其用也，氣功分兩種，曰養氣，曰練氣。養氣者，即道家靜坐之法，使氣凝而不散，不為外物所侵奪，如孟子所謂吾善養吾浩然之氣是也。練氣者，以運使為主，如拳術家所練之拳，使臂力時，則運氣至臂；使腰力時，則運氣至腰；使四肢百骸全體之力時，則運氣而達四肢百骸全體。故處處有力，處處有氣也。

氣又有呼吸之分。呼為陽，吸為陰；呼為動，吸為靜；呼為剛，吸為柔；合陰、陽、動、靜、剛、柔，乃能完成其作用也。凡氣之運使，不可逆行，專貴呼順。氣順臟腑舒暢，百疾可卻，若逆行，則內臟各部受害，求益反損。運用氣功，可不慎歟？練至極處，可以輕如鴻毛，而不知其輕；重如泰山，而不覺其重；有粘力，有吐力，有吸引力，有剛柔力。故練氣，為拳術家最要之功夫，而又為拳術上出奇制勝之要素。

或有以練氣之專家稱為「內家」者，余甚疑之。想拳術家之練身手也，未有不講氣練丹田，氣運周身者。若能運氣，即為「內家」，若各家皆能運氣，豈非練拳術者盡稱為內家哉？依鄙人管見，專講氣者，可稱為「內功」，若認其為「內家」，不敢許也。內家（內功）、外家之分，在術而不在氣。拳家莫不講氣，講氣者未必皆是內家，以是知練氣易，學內家難也。

練拳時，氣如藕絲，呼吸自然，逢敵則氣凝於內，擊敵則氣發於外，雖鋼皮鐵骨，莫不應手而倒。嗚呼！氣之功，可謂大矣！

五、外功論

外功以氣為主，以血為輔。蓋氣為血之先導，故氣充則血暢；血為養分輸送之媒，故氣盛則體健。然徒能以氣運血，而皮膚不知加以鍛鍊，亦難收實用之效。故諺云「內練一口氣，外練筋骨皮」，誠哉是語也。

皮膚鍛鍊之法，名曰「上操」，某部上操，則其部必比他部堅硬。因此上操之前，須練內功，使氣血運至某部之後，將其某部之皮膚，加以操練，血液所運送之養料，必能直達至皮膚。是由內而筋骨，外而表皮，皆吸取特別充分之養料，以營養之，久之筋肉緻密，骨骼強健，皮膚膠質增加，自然即避刀槍。世人為力士由銅皮鐵骨所構成，即獲其外功之妙也。

但練外功之法，須先易後難，先輕後重。若躐等（超越）為之，則有百害而無一利也。世人不知此中底蘊，往往以拳擊牆，以頭砸磚，自以為外功之妙得矣。殊不知收效者一部，受傷者周身，其害自致也。

故練外功須有一定之程序，一定之方法，茲列舉如下：①須先練內功，以壯其氣。②以掌操搓之，以活其血。③以木棒擀之，以堅其骨肉。④以掌及木棒擊之，以鍛鍊其皮膚。⑤以砂囊及鐵絲捆擊之，以鞏固一切。

總之，拳家有外功而無內功，難以登峰造極；有內功而無外功，難避撞擊之危。苟能內外兼習，互相為用，自然堅如鐵、軟如綿，剛柔相濟，表裡如一，然後擴而充之，神而化之，始克得技擊之妙。吁！亦難矣。

六、交手論

拳術家之奇正變化，及進退、虛實、動靜，與兵家用兵相等。運用之妙，如天地陰陽四時循環無窮。故善出奇者，其勢險，其節短，勢如強弩，節如發機，紛紛紜紜，似亂非亂，使敵不知吾之所為也。進攻令敵不能防禦，退守使敵無可襲擊。敵雖靜待我，而我以利誘之動；敵如以動攻我，而我以忍制其動。故善守者，使敵不知所攻；善攻者，使敵不知所守。微乎其微，至於無形；神乎其神，至於莫測。臨敵應用，不露虛實，出奇制勝，尤貴能詐。見勇者而故示以怯，遇智者而故露若愚，俟彼心驕氣浮，然後乘機而進。靜如處女，動如脫兔，直搗中堅，著著緊迫，敵之手一亂，則我之大功告成矣。故曰：拳家之奇正、變化、進退、虛實及動靜，與兵家用兵相等也。

第兵家以眾敵眾，拳家以個人敵個人，或以個人敵眾人，勢雖不同，而理則一。兵家講天時、地利、人和，拳家亦然。如居於北方，於隆冬寒冷之際，筋肉收縮，動轉較遲，人身所御之衣，硬而且厚，交手時宜擊其頭部，或用摔法擲之。

若在氣候溫暖之際，人皆著單衣，拳擊其關節穴孔，最易制勝，此固天時關係，而運用手法不能一致也。

拳術之應用，又不能不注意地勢，地勢如何，亦與交手有密切之關係。比如在曠野平坦之地，則宜用大勢上法，或進猛，或退速，忽左忽右，任意轉動，不必有所顧忌。若遇敵於室中，或狹小之巷內，則宜用小勢上法，翻拳肘靠，抓打擒拿，分筋錯骨，迎面扒擊，令敵退不能退，逃不能逃，

然後方能制勝也。此又因地利關係，而運用手法不能一致也。

至遇敵雖弱，而無輕視之心，敵雖強而無畏懼之色，處以鎮靜，旋以謹慎，攻則如摧枯拉朽，期其必倒；守則如深閉重門，令勇者莫進，不求有攻，先求不敗。此又因心理關係，而運用手法不能一致也。必如是，乃可謂得人和也。

總之，天時、地利、人和既得，其妙用尤在無形，在乎一氣，陰陽變化，虛虛實實，借人之力，順人之勢，舊力過去，新力未發，始克得而勝之。

又曰：敵人若驚，則往前攻；敵人心坦，則宜肅然交手，最忌使猛力及使全力。力猛則易為人制，用盡全力則難退難收，一切變化，當然遲滯，失敗之機，即伏於此。所以名家交手時，須於動靜上用功夫。

靜又不能專靜，內中暗伏以動；動又不能全動，心神存之以靜。動而不靜，則敵知我攻也，彼將注意於守；靜而不動，則敵知我守也，彼必猛力進攻。故動靜無常態，奇正多變化。諳天時，知地利，盡人和，自然戰無不勝，攻無不取，交手之方，可謂盡得其妙，噫！亦難矣。

七、師資論

人之患在好為人師。此本文學之論，然而武術亦何獨然。

良以武術一道，對於師資之選擇，比諸文學，尤有過之。以故世有未學功夫先學養氣之說。所謂養氣，即能善養浩然之氣之謂。以故具有真正武技者，其涵養之氣之深，在外表觀察，恂恂如儒者。與人遇，從不肯下一惡語；即使有

惡語相加者，亦輒引避，有唾面自乾之風。此所謂大勇若
怯，不愧為有涵養之武術家矣。

今有人焉，不能善養其氣，於人前自詡為拳技之雄，廣
羅好勇鬥狠之徒於己之門下，動輒言武，誇一己之能，自命
英雄蓋世，常以打架凌人之說以訓門徒。稍有不如己意，則
嗾使其門徒向人尋仇，此種舉動，在彼因以為是英雄所為，
實則有識之士，已知其縱有武技亦不精嫻。此蓋由其未能涵
養，便知其功夫不足矣。

故習武之人，對於擇師必須注意。於彼之涵養，誠與之
談，彼若能以謙抑為言，不誇大，不浮躁，於拳理能津津樂
道者，此則養氣功夫之表示，而推測其武技亦必高超，可以
為師矣。

如其徒誇自己的戰績，某也為其所打，某也受其所辱，
誇說自己之技，可以橫行一方，目無餘子者，此種武技教師
簡直可以說毫無實用，徒自驕矜者，又焉足以為人師哉？以
故初學技之人，對於師資之選擇，切須留意。

對於彼之言行，細意研究。倘若只是以打架自誇者，此
種簡直不成師資，雖投彼門下，結果終無所得者。習技之
人，對師資不可不慎也。

八、拳派論

凡以一家之拳法，而欲統一各派，以一家之技，較其他
各派均長，始能有統一之價值，而一家能兼各家之眾長者，
純屬不可能之事。茲揭其理由如下：

夫吾國拳術，所以分派，確出於不得已之苦衷，非偶然
也。蓋以習者一生之時有限，人身各部之運動奧妙無窮。有

腿快手遲者，有腿遲手快者，有以抓見長者，有以肘制勝者，有以推手擊敵，有以指戳敵者，有以足踢，以腿掛，有以膝磕敵者，各部種種奇著，不暇枚舉。

是以學者非分派不能各致其精，非有一部分之至精，臨敵又不能制勝，然而拳家分派豈得已哉。既知拳派必不能不分，既不能使一家統一各家，而強為之合，如強使統一，勢必發達一家之長，消滅各家之眾長也。今將所以不能合之理由，再分述之。

凡事欲定優劣，多以比較之差別而判定之。惟拳術則最易比較，而最難判定。如有習甲派二十年者，將習乙派十八年者戰勝之，究謂甲派手法精奇耶，抑謂乙派之時間短少耶？此不能由此較而定拳派優劣者一。

若習甲乙二派皆十年，而習甲派者一曝十寒，忽作忽輟，習乙派者繩勉從事精進不已，俟較技時，則乙派又勝甲派，此時究以同時間論耶，抑以拳派優劣論耶？此不能以比較而定拳優劣者二。

設習甲乙派之人，其年限同，其每日所練之時間亦同，然固天資聰愚關係，體質強弱關係，較技時又分優劣，當此點究謂之人的關係耶，抑仍歸咎於拳派手法關係耶？此又不能以比較而定拳派之優劣者三。

進而言之，時間同，天資同，體質亦同，甲能勝乙，乙能勝丙，丙又能勝甲，此則因甲之長，乙不能破之，乙之長，而丙又不能破之，丙卻又能勝甲，三方既成循環，又如何判優劣耶？此不能以比較而定拳派之優劣四。

且拳派之收效時間，又有遲早之不同，如連拳、少林、形意，三五年即能收速效，而太極、鷹手，非五七年後，不

能見巨功。設五年前較技，當然以前三派優，五年後比手，又必以後兩派者為勝。試問判定優劣時，又將以何時為一定之標準時耶？此又不能以比較而定拳派優劣者五。

或者謂以特殊之技能斷定，如某派雙足立定，推之不倒；某派能切磚斷石，他派不能比。當然以能者為優，殊不知有力者則講以力降人，無力者講巧破千斤；有力者講重如泰山，無力者則講快如閃電。

習外家者，講輕如飛鳥，捷如猿猴，習內家者，講敵即生翅能飛，但較技時，接手亦不能出一寸之外。夫如此，又何如之何耶？此又不能以一部分之專長，而判定拳派之優劣者云。況各家皆有專門器械，練器械又與體質強弱及手法遲速有關係焉。

比如某派以長兵器見長，而其門生中，有力小體弱者，因之此派即不便盡傳其技。習者因力小體弱之故，又不能盡用長兵器之妙，於是此派之特長，必為一二門人所湮沒。

有某派專以短器制勝，其門人中，又有一二體重手遲者，致使輕捷巧妙之技，不能完全貢獻於世。設遇以上兩種問題，又將如何以定各派之優劣耶？

此又因為習者之體質，不全於本派之器械，而難以判定拳派之優劣者也，斷難由比較而得其差，其差不得，優劣難分，如之何能使一家而強為統一各派耶？此余所謂拳術不能統一也。

論拳派宜和衷共濟，吾國拳術，極其精妙，世界之人，所共稱羨，然未克發玄闡奧，適用於今，而制勝於世，是豈無故而然哉。人懷嫉妒之初，各存仇視之念，分門別派，互相詆毀排擠，而不能泯見輸誠，和衷求益，夫何能望其適用

哉？

　　再者山海相隔，彼此不相往來，其武力也，專恃搏戰於無槍炮利器之時。故人於拳術，苟擅一技之長，則可恣睢其行，雄長一隅。今世界大進矣。槍炮之爭，隔百里數十里而相傷，而拳術則僅於搏擊可以制人，是拳術之用已微矣。若於此時猶不能盡革秘密不傳之風，以諸同好，而共謀探索精微，則各家雖有專長，久必湮滅，欲求應用，夫安可得？故昔時拳術，可視為一家之私藝，而於今世，則宜為教育普及國人。

　　且拳術家所以秘藏而不肯傳者，蓋恐己之不勝人耳，是未思焉，不觀夫人之為學乎？學術之奧妙，高如崇山，深若淵海，無盡藏焉。有人於此，而欲盡竊學術之精妙處，是猶入深山浮大海，而盡獲其金玉珍寶也，不可得焉。故世之為學者，可以千萬計，而所得之多寡，則隨人而異。拳之為藝，亦猶是也。

　　以一人一家之智力，焉能探測深邃，故非合多人多家，共研究之，則不能臻於美善。迨至名家熔冶一爐，各人所得之精美多寡，亦自因人殊異，蓋人之天資不一，而其智力亦絕不能相同也。

　　故拳術家苟能破除門戶，刻誠相示，則協力之下，自有美果，而己知不勝人，亦固無自憂焉。故曰「拳術家宜化除意見，和衷共濟」。

九、鷹爪論

　　此家手法，原係象形。鷹為猛禽類之一，其性猛，其爪利，運用爪之抓力，可以戰勝他禽。故凡與鷹體積相等之禽

鳥，或稍大者，莫不當者披靡，不敢與較。鷹爪手法之與他家拳相遇，亦可操必勝之權。

是以名之曰鷹者，乃「鷹爪力」之總名。此種手法，與他家手法迥異，專以抓打擒拿、分筋錯骨為主。抓打擒拿、分筋錯骨，必按人周身關節、穴孔，要害處擊之。凡氣功不能達，內功不能到之處，遇此手法，雖具銅皮鐵骨，未有不披靡者。

然此種手法，貴力足，尤貴力整。力足而整，臨敵應用，愈顯其妙。故拳術中最毒、最猛、最能守者，莫如此種手法者。有沾衣如捫脈之妙訣，如吸如引之黏性，精於此法者，「手見手無處走」，敵愈近，愈易制勝。惜乎此種專家，世不多見耳。

考其內容，抓、打、擒、拿、翻、崩、肘、靠，一號、二拿、三降、四守，分筋、錯骨、點穴、閉氣，沾衣捫脈，剛柔靜中求是也。分力為七，曰陰、陽、剛、柔、彈、寸、脆。其擲人與擒拿肘靠，純用陰、脆二力，抓用寸力、陰力，打用陰、陽、剛、彈、寸、脆六種合力。翻崩用彈力；分筋錯骨，用陰寸力；沾衣捫脈，用陰柔合力。若一號、二拿、三降，四守，用陰剛力。惟因敵之來勢不同，不能拘於一定。總之七力混合，始能應用，七力變化，始能勝敵，無隙可乘。混元一氣，得內家之精華，世罕其匹。凡點穴錯骨之功，莫不由世匹高人傳出。吁！亦神矣。

十、鷹爪翻子連拳論

連拳，源自少林，翻子吸收發展成鷹爪翻子連拳。連拳是手手相應，著著接續，剛柔兼用，彈脆力多，陰陽變化，

輕便敏捷。故是拳應用時，忽上忽下，令敵頭暈，聲東擊西，使敵目眩；其進也，急如閃電；其退也，快似飄風。變化莫測，神化無窮。拳出似實，破之則虛，不接則實。

其妙訣曰：奧妙如陰陽，變化最難防，竄蹦跳躍步，閃展騰挪強，上打鼻梁骨，中擊肋兩旁，下有撩陰手，摔法狙敵傷，動如猛虎怒，靜如處女藏，強弱皆能練，輕靈更相當。

劉法孟論鷹爪翻子功法

一、練法與用法論

拳術有練法，用法之分。

練法是將手、眼、身、法、步、精、神、氣、力、功十個字，步步研究。各種姿勢，盡求開展，使氣力筋骨肌肉，易於發達。練法要合於生理衛生，持之以勤毅，久之則健身有益，用法亦自然了解，然後通其變矣。

用法則宜緊密，使精神內守，不虛耗氣力。得勢則進有餘裕；失勢亦不落空，而為敵所乘。

每見世人將二法混淆，使練法為疏蕩者，故特揭示，練法與用法應判別也。

二、拳法論

組拳之法，各派大概相同。最普遍者，是將四指各節，以次屈曲捲實，然後拇指緊壓中指。

蓋組拳莫不欲其堅實，其法亦分死、活二功。以拳敲打

堅物及沙包等，或坐時握拳抵凳將身騰起者，此為死功練拳法。活功則每日早晚站定騎馬式，兩手抱拳，輪流出拳，出右拳則收左拳，出左拳則收右拳（收拳時順變刁手回收）。每出一拳，則加緊一次，每早晚照練三四百拳，久之則拳自堅實。

初練拳者，須留意拳背要平，平則擊拳時不易傷，且可使臂膀肌肉發達；其次要正，正則拳準而無閃挫誤擊等弊。再者，出拳時心中要有目的，如某拳取敵某部，某拳如何防敵，用法則自易了然。

三、掌法論

掌之門類頗繁，有竹葉、柳葉、虎爪、虎甲等名稱，普通則是「柳葉掌」。

柳葉掌組法是先將四指直伸緊靠，然後將拇指屈疊掌邊，同時以掌緣應敵，或以中指及無名指緊靠直插敵喉及其要害部位。

此種掌法，現在各處精武體育會各派多同，其弊在各指分離，拇指離開，或掌指不直伸是也。

形意、八卦、太極及粵東流傳之少林派，則多用「虎爪掌」。其功用練法在使氣達指尖，應用時其指力亦甚堅硬也。至於出掌太高，亦為常弊之一。《拳經》有「掌不過眉」之說，是以出掌以沉乎為貴，太高則浮。出拳亦然，拳亦出於肩平為度。此類通病，初學者尤宜注意。

四、鈎手論

鈎手組成，形如鶴嘴，即五指合攏，指尖向腕彎靠，經

練習使手腕之角度日漸成直角形，已適應用，能再彎則更妙。

　　鈎手的用法，雖常變作擒拿，手法亦近擒拿。故學者每有疑問：何不改作擒拿法，豈不更為便利？殊不知擒拿乃利於用，而鈎手卻利於練。擒拿手法從鈎手練成者，其功效著，即有擒拿不著，敵經勾搭，其勢亦大受挫折也。

　　腕節練法，日常以兩手搖擺，每日約至百數為度，或於洗手後將兩手之水搖擺至乾不用布抹，日久則不獨腕軟，指亦柔矣。

五、步法論

　　在拳術中言「進步」多稱「上步」，「退步」則仍稱「退步」，間亦有稱「落步」者。進退步法，最要注意：重力在腳心（即腳板近腳趾之厚皮處）。重力穩定，動作乃得穩捷，若重力在踵，則腳尖離地，至定步時，鮮不身體搖動者。

　　練習日久，無形中可得此之味：重力穩定，變化矯捷，進退迅速。此在學習中神而明之矣。

六、腿功論

　　拳術步勢，宜求穩健，此人皆知之；求穩健當注意下部，亦多知之；但活潑一層，則少有研究。至於穩健而又活潑者，則更少其人。大概穩健者，多不活潑，而活潑者，少得穩健。若能穩健而又活潑，非於初練時使腿部柔軟不可。

　　軟腿之法，須分三部，腿拗、膝拗、腳拗是也。三者之間，尤以腳拗為要，若此拗一軟，則站樁可久，而於各門徑均易走也。蓋腳要軟，則身體下蹲，而步行穩固矣。至其標

準，則以足趾與脛骨之距離角度，自 45°～60°為率，再小亦佳，然已足用矣。

腳拗練法有二：一曰死功，法以物將足趾墊高，後跟著地，將膝前衝，務使趾脛角度距離日小，此死功之練法也。一曰活功，法以矮步行之，每步腳趾、腳跟均著地，務使趾脛角度距離日近，成功與否則視骨拗之軟硬，及用功勤惰如何。

腿拗練法亦分死活。死功練法，用棉花軟枕安置於臺凳上，將腳跟置其上，然後將腿直伸；腳尖勾起，胸部均與腳相對，以手壓膝或扳腳尖，彎腰以頭向腳尖低落，務使腳尖日近頭額。並須左右互練，或以繩牽引之，或兩腳分前後成一字形，此死功之練法也。活功即為溜腿之法也，不加詳述。

七、肘法論

肘法，南北各派，尚未多見。其法利於短戰。苟迂西洋拳鬥，非利用肘法不能抵禦及進攻。因我國拳法，向不使用手套，用則舉動不靈，若能運用短肘，或可略佔勝算。用時務須貼身而出，用勁從下頂上，靠貼敵身而發，若離稍遠，便失效用。少林之金剛拳，霍氏練手拳，陳氏之鷹爪行拳、連拳等，均有用肘攻之法，其餘則多用靠然。

肘節練法：常將兩手照第一路彈腿之擂拳及第一路連拳壓打之拷手勤練，並加意向外使勁，久之自見功效。

八、肩法論

打拳縮肩，為學者之通病，糾正甚難。故教授須留意，

使學者出拳時，先將力沉於肘之下，而肩則力向後張，復特別注意「勿縮肩」一語。其次初出拳時，勿任意用力或努力。初學拳者，用力每每聳高肩膀，故出力過度，亦縮肩之原因。苟學者能留意依上法行之，日久則縮肩之弊自免，否則成為毛病，實有大礙於拳術之進步。糾正縮肩之法，遇見有學者縮肩，則可令其再縮，肩至最高時，然後令其平復，則學者乃易自知其弊，而改良之。

肩節練法：將兩手直伸，向前、向後搖轉如車輪，久之則肩節異常活動。

九、腰法論

腰部，前有丹田，後有命門，為全身之重心。於拳術為全體之關鍵，關係於姿勢功勁甚大。今之練拳者，雖勤苦練習，而仍覺無勁者，多因腰部未得合法也。試觀常有身手俱佳者，而演來仍無精采，此皆未知練腰之要耳。

練腰要點：在擺弓勢時，將腰下折；仆腿及騎馬勢時，將腰挺直；扭步時將腰反拗，多下功夫，復留意於提肛吊腎，氣集丹田等要訣，則全體功夫之進步，大有一日千里之勢。故凡有彎腰、駝背、拱腰及腰不挺直等常弊，均有礙於拳術之進步。

十、眼法論

眼為精神之表示，故練拳時，尤貴拳到眼到。常見練拳者，低頭低腦，目不顧拳，此等動作皆不合法，且無精采。余教拳時，輒呼「眼看手」三字，即欲學者留意及此也（按「眼看手」字，以反客為主，因予之欲擊，目必先察，然後

手即隨之，如是則手跟眼矣；今呼眼看手，是手已先出，眼
乃隨而看之，莫非反客為主哉？惟是於教授實際上，不得不
從權耳。故特表而出之，使之「眼看手」三字，乃教授上之
權變，而學者仍須以「眼到手到」為主）。故凡練拳者，欲
轉身時頭必先轉，夫頭先轉者，即眼先顧之謂耳，學者宜注
意之。

以鷹爪翻子拳爲例，對傳統武術的 整理、繼承與推廣的研究

　　武術，是我國固有的一項增強體質，培養意志，訓練格
鬥技能的民族形式的體育運動，是以徒手的踢、打、摔、
拿、跌和器械的劈、刺、擊、砍、撩等動作為基本內容，按
照一定運動規律編排成套路的練習，或者按一定規律、規則
進行攻防格鬥練習，用以增強體質的一項傳統的體育運動項
目。

　　我國傳統武術歷史悠久，源遠流長，博大精深，是華夏
古老文化中璀璨的一部分，在歷史的長河中，武術以堅強的
生命力茁壯成長，為人類社會發揮著推動作用。深深地紮根
於廣大人民群眾之中，經過歷代不斷的傳播、變遷，至今已
發展成為具有多種功能的體育項目，受到世界人民的喜愛。
但是，隨著社會的不斷發展和進步，某些項目逐步弱化、失
傳，甚至那些傳統武術的精華也被歷史所埋沒，豈不惜哉！

　　所以，傳統武術正面臨著一個搶救的重大問題。說到搶
救，也關係到對傳統武術如何整理，繼承和推廣發展的問
題。

　　恩格斯曾經指出：「科學的發生和發展一開始就是由生產決定的。」武術運動同樣是起源於生產競爭中人民的勞動實踐。古人說：「民物相攫而有武矣。」列寧曾說：「忘記過去，就意味著背叛。」所以，傳統武術這一文化瑰寶，不能失傳和忘記。

　　我國武術，門派眾多，各有千秋，每派有每派之長處。本人地處的河北雄州，是傳統武術「鷹爪翻子拳」之發源地。《鷹爪翻子拳》一書是本人挖掘整理成書的。現在本人以鷹爪翻子拳為範例，簡述傳統武術的挖掘整理，繼承和推廣，主要有以下幾個內容：

一、領導重視

　　做好任何工作，當政者必須提起高度的重視，這是做好此項工作的基礎。我國各級政府非常重視武術工作，先後也成立了專門組織，專抓傳統武術的整理、繼承和推廣工作。這樣，對傳統武術的整理，繼承與推廣打下了好的基礎。

二、理順拳種的歷史源流

　　俗話說「鹽從哪鹹的，醋從哪裡酸的」，孔子曰「君子不忘其本」，任何事物要理順其本源。為了做好挖掘整理，我縣體委非常重視，並組織力量，對鷹爪翻子拳做了深入細緻的調查研究，先後拜訪了陳國英、陳國慶、姚建華、劉莉莉、劉書燕等十幾名老拳師，查閱了數十冊歷史資料，總結出鷹爪翻子拳的歷史源流：「1930 年，徐哲東先生著《國技論略》和 1936 年出版的《國術源流考》均認為鷹爪翻子拳是由明代『八閃翻』演變而來的，但據《鷹爪拳譜》所述，此

拳發源於劉仕俊。」

劉仕俊，河北雄縣人，少習拳勇，紮根少林門和翻子門。根據《鷹爪翻子摘要・劉仕俊傳》記載：「并二十許，已頗有心得。販煙於村某寺，時練手力，適為寺僧道濟瞥見，與僧論間，互為不服，與僧較，皆三戰三敗，即請為弟子。僧曰：『孺子可教也』，乃授以『岳氏散手』。惟僧僅授九路辭去。」

幾年後，劉又在新城縣郎窩大廟從師於道濟的師兄法成僧，再授予「岳氏散手」「鷹爪手法」等。

數年後，劉仕俊為官府擒大盜立功，不久，據《雄縣志》記載：「以技遊京師，為國威廣公韶所識拔，命於正白旗演武廳教練禁旅。」那時劉技冠京、津，與董海川及楊露蟬齊名，又其弟子數百，多有成材，以徐六、劉德寬最為著名。

劉仕俊的宗孫劉成有（約1847～1931）自幼從開口村「飛腿」楊景山習翻子拳。成年又從師於劉德全、董憲周和劉仕俊。劉成有在家授藝期間，吸收了翻子門「夜叉巡海拳」的精華和岳氏散手，整理成門戶難破的「鷹手門」。並將翻子門的四個硬趟子（五郎錘、獨蟒出岸、裹掃、五肘四翅）加以岳氏散手和少林手法，編成「鷹爪十路行拳」和「五十路鷹爪連拳」，把楊氏八母十三梨花槍編為「六合大槍」和「六合小槍」。從此，即把岳氏散手、八翻手、少林拳、連拳、擒拿術聯為一體。

陳子正（1878～1933），劉成有的外甥，自幼跟劉成有刻苦學藝，造詣頗深，名列諸生前茅。

陳子正中年應邀到北京「模範軍團」任教，後被劉鳳

池、王寅卿聘請到黑龍江省吝校任武術教練。在此期間，在武林界的威望很高。據劉法孟著《鷹爪一百〇八擒拿術》中說：「陳子正威振全國。」民國八年，應穆藉初、陳公哲特邀，赴中央精武會任教多年，晚期任上海精武會副會長。在武林中被譽為「鷹爪王」「國術大師」。

他從武歲月，痛心於國民懦弱，中華腐敗，立志「教懦夫立」「重振國威」，再次修改十路行拳和五十路連拳，又兩次遍訪名家，總結數十年與人的搏擊經驗，使該拳種比較完備地形成了「翻子門鷹爪派」。直至 1984 年張星一整理該書時正式定名為現在的鷹爪翻子拳。

三、拳種的主要內容

任何事物的發展都是從量變到質變的發展過程，鷹爪翻子拳經過一百七八十年的發展，已經形成了一個比較完整的門派體系。其主要內容有「十二路鷹爪行拳」「五十路鷹爪連拳」「羅漢拳」「八面追」「八步追」「公歷拳」「醉拳」「對練拳」「對練器械」「八步子母梨花十三槍」「六合大槍」「雙鉤」「單刀」「雙刀」「大刀」「大杆子」等……

四、門派的風格特點

各個門派都有其獨到之處，都有自己的風格特點。鷹爪翻子拳採用劉仕俊的少林拳、翻子拳的特點，又揉進了岳氏散手的擒拿手法，主要技法是：抓打擒拿、翻崩擠靠。手法講究「一號、二拿、三降、四守，分筋錯骨，點穴閉氣，粘衣號脈，動靜剛柔」。其拳法講究：陰陽、剛柔、彈、寸、脆、裡外、上下、左右、長短、軟硬、快慢、真假、虛實。

該拳總的要求是：手要快、眼要明、身要靈、步要輕、引對手、打拳心；出入有門，進退有法，如打算盤一樣，像擺陣勢一般，彼擊首，則首應，彼擊尾，則尾應，彼擊中，則首尾相應。對壘時，手對手，無處走，敵愈近則越愈制勝。真是出手拳掌打，回手鷹爪抓，拳掌密如雨，脆快一掛鞭，既有少林、翻子之特點，又有鷹爪擒拿之威力。更顯示出此拳快、變、連（即打快、閃快、變快，母子相生，連綿不斷，一手多變，招招相連）的特點，與人交手時還講究：一膽、二力、三轉、四志、五眼、六合、七勁、八打八不打，借人之力、順人之勢、制人八害（即人之八處要害），戰敵四虛。

五、健身作用

任何一個門派，都有它的技術性和醫藥健身的特點。內家主以氣帶力，外家主以力領氣，氣力合一，可謂高家。鷹爪翻子拳拳法雖有岳氏連拳的鷹爪手法，實是外家，屬長拳種類，對練習者的身體素質要求是比較高的。它的動作舒展大方，架式大小適中，節奏格外分明，快速有力，剛柔相間，運動量是比較大的，所以，耗氧量高，關節活動範圍廣，練習時既要求肌肉和韌帶拉長，還要求有較好的彈性。透過練習，可以提高四肢的柔韌性，還可以鍛鍊人體的力量、速度和靈敏等素質。因為，要求在一分鐘內像放鞭炮一樣完成幾十個動作，就需練習者具有很強的耐力素質和爆發力。

該拳還要求「動如脫兔，靜如處女」「進如閃電，退似飄風」，如旋風腳接扎馬平衡，運動接靜止動作就得十分穩

健。經實踐證明，這不僅提高了神經系統的活動能力，而且由於神經中樞的興奮與抑制要隨著動靜變化而迅速變化，這樣，也就提高了神經系統活動的靈活性和均衡性；由於活動量比較大，對新陳代謝有很大的幫助，更提高了血液循環系統和呼吸系統的機能，增加了肺活量。

特別是鷹爪翻子拳的刁手動作和組爪方法，如摔腕按刁、抄刁、扣刁、立刁等動作，這又比長拳、少林拳的沖拳、推掌、刁手增加了難度。該拳種的爪法是靠腕關節和十指，加之前臂的旋轉動作而完成的，爪指用力時靠意念達於爪端，其動作主要由小指、無名指、中指加之拇指合抓所成的揸力來完成鷹爪力的組爪。這樣，就大大加重了手厥陰心包經、手太陽小腸經、手少陽三焦經、心經的工作量，經常做刁手動作，能使以上經絡得到充分的鍛鍊而達到強健身體的目的。

另外，前臂的旋轉動作是鷹爪翻子拳的一個顯著特點，心經和心包經均起於心，循臂走手達於指端，因心經和心包經分別與小腸經和三焦經相表裡，所以，臂腕的旋轉可以提高對心經、小腸經、心包經、三焦經的刺激強度，能起到通暢經絡，強壯筋骨，增強體質的作用。古老的中醫理論主講「通則身健，身健則無雜病入」，所以常練鷹爪翻子拳能達到強壯身體的作用。

六、論傳統武術的整理、繼承與推廣

在歷史的長河中，任何事物的發展壯大，只要符合潮流、順應歷史的發展，有利於廣大人民大眾，都能夠從星星之火，達到燎原之勢。古老的中華傳統武術正是如此地發展

壯大起來的，它正以自己強大的生命力服務於廣大人民。為
了使這一塊寶更好地服務於人類社會，使其健康發展下去，
做好傳統武術的整理、繼承、推廣是關鍵，怎樣做好呢？本
人以為：

首先，整理是基礎。組織廣大武術大軍，把古老有傳統
武術的精華套路挖掘整理出來，以供武術愛好者們來繼承和
推廣。

其次，是繼承。繼承是關鍵，是否能夠把這些東西真正
的不失原樣的繼承下來，這個問題是一個關鍵性的問題。

接下來就是一個推廣發展的問題，要想傳統武術發展推
廣得更好，就必須作為一個歷史性的任務來重視它、完成
它。所以，本人以為，推廣是一項艱巨的任務——時代所賦
予我們的重要任務。

總之，挖掘整理是基礎，原樣繼承是關鍵，推廣發展是
任務，三者完整統一，缺一不可；與此同時，主管部門制定
出相應的競賽規則，學習制度，獎勵政策，獎勵那些對傳統
武術的發展做出貢獻的有功者，及時組織傳統武術節，制訂
更細的競爭規則，以促進其健康發展。

同好們，隨著時代的前進，在我們廣大武術大軍的努力
下，傳統武術正以嶄新的風採盛行於神州大地，並以神秘而
坦蕩，雄健而又優美的英姿和矯健的步伐走向奧運會，造福
於全人類。

（該文獲首屆世界傳統武術節論文報告會徵文三等獎）

導引養生功

1 疏筋壯骨功＋VCD

定價350元

2 導引保健功＋VCD

定價350元

3 頤身九段錦＋VCD

定價350元

4 九九還童功＋VCD

定價350元

5 舒心平血功＋VCD

定價350元

6 益氣養肺功＋VCD

定價350元

7 養生太極扇＋VCD

定價350元

8 養生太極棒＋VCD

定價350元

9 導引養生形體詩韻＋VCD

定價350元

10 四十九式經絡動功＋VCD

定價350元

張廣德養生著作　每冊定價 350 元

全系列為彩色圖解附教學光碟

輕鬆學武術

1 二十四式太極拳＋VCD

定價250元

2 四十二式太極拳＋VCD

定價250元

3 八式十六式太極拳＋VCD

定價250元

4 三十二式太極劍＋VCD

定價250元

5 四十二式太極劍＋VCD

定價250元

6 二十八式木蘭拳＋VCD

定價250元

7 三十八式木蘭扇＋VCD

定價250元

8 四十八式木蘭劍＋VCD

定價250元

彩色圖解太極武術

1 太極功夫扇
定價220元

2 武當太極劍
定價220元

3 楊式太極劍
定價220元

4 楊式太極刀
定價220元

5 二十四式太極拳+VCD
定價350元

6 三十二式太極劍+VCD
定價350元

7 四十二式太極劍+VCD
定價350元

8 四十二式太極拳+VCD
定價350元

9 楊式十六式太極劍
定價350元

10 楊氏二十八式太極拳+VCD
定價350元

11 楊式太極拳四十式+VCD
定價350元

12 陳式太極拳五十六式+VCD
定價350元

13 吳式太極拳五十六式+VCD
定價350元

14 精簡陳式太極拳八式十六式
定價220元

15 精簡吳式太極拳三十六式 拳架・推手
定價220元

16 夕陽美功夫扇
定價220元

17 綜合四十八式太極拳+VCD
定價350元

18 三十二式太極拳四段
定價220元

19 楊式三十七式太極拳+VCD
定價350元

20 楊氏五十一式太極劍+VCD
定價350元

21 嫡傳楊家太極拳精練二十八式
定價220元

22 嫡傳楊家太極劍五十一式
定價220元